Maria no coração da Igreja

Coleção Maria em nossa vida

Esplendor da mãe: Maria de Nazaré, no coração da Igreja e na vida do povo –
Giovanni Maria Bigotto

Maria no coração da Igreja: múltiplos olhares sobre a Mariologia –
União Marista da Brasil – UMBRASIL

União Marista do Brasil – UMBRASIL

Maria no coração da Igreja

Múltiplos olhares sobre a Mariologia

Dados Internacionais de Catalogação na Publicação (CIP)
(Câmara Brasileira do Livro, SP, Brasil)

Maria no coração da Igreja : múltiplos olhares sobre a Mariologia /
União Marista do Brasil . – São Paulo : Paulinas : União Marista do
Brasil - UMBRASIL, 2011. – (Coleção Maria em nossa vida)

ISBN 978-85-356-2843-2 (Paulinas)

1. Maria, Virgem, Santa 2. Maria, Virgem, Santa - Culto I. Série.

11-06594   CDD-232.91

Índice para catálogo sistemático:
1. Maria, Mãe de Jesus : Mariologia   232.91

1ª edição – 2011
1ª reimpressão – 2012

*Nenhuma parte desta obra poderá ser reproduzida ou transmitida por qualquer forma e/ou
quaisquer meios (eletrônico ou mecânico, incluindo fotocópia e gravação) ou arquivada em
qualquer sistema ou banco de dados sem permissão escrita da Editora. Direitos reservados.*

Direção-geral:
Bernadete Boff

Editora responsável:
Vera Ivanise Bombonatto

Copidesque:
Cirano Dias Pelin

Coordenação de revisão:
Marina Mendonça

Revisão:
Sandra Sinzato

Assistente de arte:
Sandra Braga

Gerente de produção:
Felício Calegaro Neto

Projeto gráfico:
Wilson Teodoro Garcia

Capa e diagramação:
Telma Custódio

Presidente do Conselho Superior:
Ir. Wellington Mousinho de Medeiros

Diretor Presidente:
Ir. Arlindo Corrent

Secretário Executivo:
Ir. Valdícer Civa Fachi

Coordenação da publicação:
*Ir. José de Assis Elias de Brito e
Joaquim Alberto Andrade Silva*

Paulinas
Rua Dona Inácia Uchoa, 62
04110-020 – São Paulo – SP (Brasil)
Tel.: (11) 2125-3500
http://www.paulinas.org.br
editora@paulinas.com.br
Telemarketing e SAC: 0800-7010081
© Pia Sociedade Filhas de São Paulo – São Paulo, 2011

União Marista do Brasil – UMBRASIL
SCS – Quadra 4 – Bloco A – 2º Andar
Edifício Vera Cruz – Asa Sul
70304-913 – Brasília – DF
Tel.: (61) 3346-5058
umbrasil@umbrasil.org.br
www.umbrasil.org.br

Sumário

Introdução 7

Perfil de Maria numa sociedade plural
Afonso Murad 15

Maria, a mulher
Lina Boff 39

Perfil de Maria nos textos bíblicos
Maristela Tezza 65

Educar a piedade mariana
Joaquim Fonseca 89

O perfil mariano da Igreja
Francisco das Chagas 105

A Trindade e a Virgem Maria:
uma relação de encontro, comunhão e missão
Leomar Antônio Brustolin 119

Maria no diálogo ecumênico
Marcial Maçaneiro 141

Conclusão: Ladainha mariana para o nosso tempo
Afonso Murad 189

Introdução

Certa vez, um estudante de teologia entrou numa grande livraria católica em busca de bibliografia atualizada sobre Maria. Perguntou ao atendente: "Onde estão os livros de mariologia?". O funcionário da loja ficou um pouco assustado com a pergunta. Imediatamente se refez da surpresa, e disse: "Ah, livros sobre Nossa Senhora... Temos vários!". E apresentou uma estante repleta de caderninhos, livretos e livros nos quais estavam expostos novenas, ladainhas, terço em família e tantas outras devoções. O cliente insistiu: "Mas eu quero livros de mariologia!". "Eles estão aí e lhe garanto que são muito bons! Todo dia tem gente que vem comprar!"

Esse simples fato elucida algo comum nos meios católicos. Confunde-se facilmente o estudo sobre Maria, esta disciplina da teologia denominada mariologia ou marialogia, com a devoção mariana. Ambas são legítimas, mas comportam formas diferentes de se aproximar da Mãe de Jesus. A devoção compreende a relação de entrega, confiança, súplica, discernimento, gratidão e louvor a Deus e aos santos. Está no âmbito da religiosidade, das práticas cultuais. Expressa a dimensão mística e culturalmente situada da crença. Já a mariologia exercita outra dimensão da fé: o conhecimento. Pois quem ama quer conhecer o(a) outro(a) para amá-lo(a) melhor e construir uma relação lúcida e madura. A piedade mariana sem teologia corre o risco de perder a lucidez, mover-se sem critérios e limites e degenerar-se em crendice. Já a teologia sem mística e piedade se degenera num discurso racional que se distancia do fascínio divino. Mostra-se desrespeitosa e pastoralmente inconsequente.

A reflexão teológica sobre Maria, que denominamos mariologia ou marialogia, é simultaneamente sistemática e crítica, pois organiza as informações, apresenta e justifica a compreensão católica sobre a Mãe de Jesus, ao mesmo tempo que corrige os eventuais desvios, aponta para as limitações históricas e propõe novas interpretações, que sejam fiéis à Bíblia, à Tradição viva de Igreja e à atualidade. A marialogia conjuga razão e emoção, aceitação amorosa e busca. Reverencia a Mãe de Jesus, reconhecendo seu lugar especial. Mas também ousa pensar, questionar, refletir, ponderar e propor alternativas visando a uma fé madura.

Do ponto de vista do conteúdo, a marialogia pode ser dividida ao menos em três segmentos. O primeiro aborda Maria na Bíblia. Mostra quem é Maria de Nazaré, enquanto figura histórica e simbólica da comunidade cristã das origens, e reflete sobre seu significado para os dias de hoje. O segundo segmento trata do culto a Maria na Igreja, compreendendo a liturgia e a devoção. O terceiro estuda os quatro dogmas marianos: maternidade divina, virgindade, imaculada conceição e assunção, e os explica em linguagem compreensível. Resumidamente, a mariologia estuda sobre a pessoa de Maria com o tríplice olhar da Bíblia, do culto e do dogma. Procura, assim, responder à pergunta: qual é o lugar e a importância de Maria no projeto salvífico de Deus, iniciado na criação;

mediado na vida, morte e ressurreição de Jesus Cristo e continuado pela ação do Espírito Santo na história?

Há, ainda, outras abordagens sobre Maria. Pode-se fazer a leitura histórico-eclesial, que contempla como a comunidade cristã compreendeu sua figura no correr dos tempos. Com a ajuda das ciências da religião, faz-se uma análise das diferentes visões sobre a Mãe de Jesus em diversos cenários religiosos e socioculturais, tanto no sincretismo religioso tradicional quanto nas formas fragmentárias da religiosidade Pós-Moderna. É possível também estudar a espiritualidade mariana, apresentando Maria como modelo de vida para os cristãos e a Igreja. Ou ainda perceber como Maria é vista em diferentes correntes teológicas cristãs atuais, como a teologia das religiões, a teologia da libertação, a teologia de gênero, a teologia indígena e negra etc.

Os artigos que compõem este livro expressam a sã pluralidade da produção teológica contemporânea e tratam das múltiplas formas de acesso para conhecer mais e melhor a Mãe de Jesus. Uns têm enfoque predominantemente bíblico, alguns passeiam pelo dogma ou pela piedade mariana, outros se detêm na relação entre Maria e a(s) Igreja(s). A diversidade de temas e perspectivas caracteriza esta obra. Mais ainda, sinaliza que a mariologia está viva e tem um belo caminho a percorrer.

Nosso tempo está marcado por grande pluralidade de concepções e visões religiosas. Tal fato também atinge a imagem de Mãe de Jesus, dentro da própria Igreja Católica. A geração atual herdou um perfil de Maria marcadamente devocional. Que valores esse perfil apresenta? Que limitações vem à tona quando se confronta a visão devocional com a mentalidade contemporânea, que leva em conta a subjetividade, valoriza a história e coloca o ser humano no centro das atenções (antropocentrismo)? O mariólogo Ir. Afonso Murad inicia esta obra com uma reflexão sobre os principais perfis católicos de Maria no artigo "Perfil de Maria numa sociedade plural". Apresenta ao leitor elementos para uma análise crítica e respeitosa. Fornece critérios para compreender o pluralismo mariano no âmbito católico, enriquecendo-o com elementos históricos e bíblicos. Fornece, assim, um quadro de referência para os artigos que se seguem.

Em que sentido Maria de Nazaré é figura inspiradora para as mulheres de hoje, que conquistam espaço crescente na família, na sociedade e nas Igrejas? Como o perfil humano e simbólico de Maria contribui para uma compreensão mais ampla da relação do homem e da mulher com Deus e os outros? A marióloga Lina Boff aborda essas e outras questões pertinentes ao tema no artigo "Maria, a mulher". Inicialmente, faz um recorte de documentos recentes da Igreja sobre este candente assunto que toca a todo ser humano. A seguir, com ajuda das ciências bíblicas, reflete sobre a relação de Jesus com as mulheres. Nesse horizonte, é possível compreender a expressão "mulher", atribuída a Maria no quarto Evangelho. Por fim, apresenta uma reflexão sobre Maria, mãe da Palavra encarnada, a partir da exortação *Verbum Domini*, de Bento XVI.

Que traços de Maria emergem do Novo Testamento, sobretudo nos Evangelhos? Como considerá-los a partir de Jesus e da Boa-Nova do Reino? Como Jesus considera sua mãe, ao priorizar a nova família dos seguidores em detrimento da família biológica? Essas questões, tão antigas e sempre novas, fundamentais para a fé cristã centrada em Jesus, são respondidas pela biblista Maristela Tezza no artigo "Perfil de Maria nos textos bíblicos". Com o olhar de uma mulher que articula no seu discurso as perspectivas da teologia e das ciências da religião, a autora mostra-nos de forma breve o perfil bíblico da Mãe de Jesus, servindo-se da contribuição de biblistas conhecidos (como Léon-Dufour, Mateus e Barreto e Brown) e do olhar crítico-construtivo da teologia feminista. Suscita no leitor o desejo de continuar o estudo sobre Maria na Bíblia e fazer novas descobertas.

Uma coisa é refletir no âmbito acadêmico sobre a correta forma de reverenciar a Mãe de Jesus, dirigindo o culto ao Senhor Jesus, em perspectiva trinitária. Outra é cumprir essa tarefa com êxito nos vastos e ambíguos campos da ação evangelizadora. Embora haja uma distância compreensível entre teologia e pastoral, é necessário edificar a ponte entre as duas margens. Tal é a proposta do liturgista Joaquim Fonseca, ofm, no artigo "Educar a piedade mariana". O autor parte de um rápido olhar sobre a situação da devoção a Maria em nosso País. A seguir, apresenta a oração *Angelus Domini* ("O anjo do Senhor anunciou a Maria...") como referência de um sadio exercício de piedade mariana. Por fim, no intuito de integrar piedade popular e liturgia, aponta o *Ofício da Mãe do Senhor* como experiência relevante de inculturação. Oxalá tal exemplo estimule outras iniciativas similares em nosso País. Pois não se trata de multiplicar devoções e criar práticas esdrúxulas visando ao sucesso, mas sim de renovar as expressões cultuais em fidelidade criativa à fé cristã.

O Concílio Vaticano II afirma que há múltiplas relações entre Maria e a Igreja. Ora, como essa realidade implica uma mudança na própria autocompreensão da comunidade dos seguidores de Jesus? O mariólogo Ir. Francisco das Chagas responde à questão no artigo "O perfil mariano da Igreja". Baseando-se na reflexão de Von Balthasar, o autor distingue os diferentes protótipos da Igreja: João, Tiago, Paulo, Pedro e Maria. Em Paulo, a Igreja se reconhece como comunidade chamada à missão inculturada, que se lança a evangelizar criativamente em distintos e mutáveis contextos. Em Tiago, vê-se como instituição que assume e leva adiante uma Tradição recebida do passado. Em João, identifica sua face contemplativa. Na figura de Pedro, reconhece a dimensão hierárquica. Acolhe a autoridade que apascenta, conduz e reúne em torno a Cristo. E em Maria? Ela personifica a Igreja em dois sentidos. A realidade da Igreja consiste em ser transparência de Cristo. Maria é tanto a mãe que gerou o Verbo, de quem a Igreja nasce, quanto aquela que coopera com Cristo na obra da salvação. Maria seria o símbolo-princípio da Igreja que abraça todos os outros, com um centro de gravidade.

No século V a Igreja proclamou que Maria é a Mãe do Filho de Deus encarnado. Não somente da dimensão divina, e sim da pessoa inteira de Jesus Cristo. Tal dogma, originalmente denominado *Theotókos* (aquela que deu à luz efetivamente), traduziu-se posteriormente como "Mãe de Deus". Ora, como pode uma criatura ser mãe de Deus? Se o Deus cristão é trinitário, como se compreende hoje o dogma da maternidade divina, considerando a unidade e diversidade de Deus mesmo? Como caracterizar os laços de Maria com o Deus uno e trino? Essa desafiadora tarefa foi assumida pelo teólogo sistemático Leomar Antônio Brustolin no artigo "A trindade e a Virgem Maria: uma relação de encontro, comunhão e missão". O autor aborda o tema partindo de relatos bíblicos. Faz uma bela releitura trinitária dos textos lucanos da anunciação e do *Magnificat*. A seguir, reflete sobre o sentido trinitário do dogma da *Theotókos*, articulando-o com as outras afirmações eclesiais sobre Maria: virgem, imaculada e assunta. Assim, considera Maria como a referência para todo cristão, na sua relação com a Trindade, pois ela integra o olhar contemplativo com o dinamismo missionário. Ela é o farol que ilumina o ser humano no caminho para a comunhão definitiva com a Trindade.

Vivemos num país com notáveis diferenças e conflitos entre as diferentes Igrejas cristãs. Estatisticamente, já não somos mais um país de absoluta maioria católica. Há de se considerar as diferentes pertenças religiosas como um fato não somente estatístico, mas também social e cultural. No entanto, o risco da intolerância religiosa é real! Muitos católicos continuam se achando como os únicos e verdadeiros cristãos. No Protestantismo de missão, que está na base de grande parte das Igrejas evangélicas do Brasil, manifesta-se uma contundente oposição às manifestações católicas, como o culto dos santos e, especialmente, a Maria. Já no Protestantismo histórico há uma abertura ao ecumenismo. Como vencer, então, o abismo que se cavou entre as Igrejas cristãs em torno da Mãe de Jesus? O artigo do especialista em ecumenismo Marcial Maçaneiro, scj, intitulado "Maria no diálogo ecumênico", nos fornece um panorama iluminador sobre tão difícil tema. Segundo o autor, o diálogo ecumênico internacional acolheu Maria como tema de sua agenda teológica. O que poderia ser um tema limite se tornou oportunidade de encontro, estudo e aprimoramento de nossas compreensões sobre a redenção e a graça, Cristo e a Igreja. Nesse sentido, Marcial apresenta as conclusões do diálogo ecumênico sobre Maria em três âmbitos: internacional, local-bilateral e anglicano-católico. Por causa da amplidão do assunto, o autor optou por apresentar tópicos resumidos, que constituem chaves de intelecção e animam o leitor a continuar sua pesquisa. Já o documento anglicano-católico *Maria, graça e esperança em Cristo*, por causa de sua originalidade e convergência, foi contemplado com vasta citação.

Por fim, esta obra coletiva se encerra com uma breve ladainha, que inclui invocações bíblicas, dogmáticas e devocionais a Maria em linguagem atual.

Que Maria, educadora e discípula de Jesus, caminhe conosco em direção à Nova Terra, alimentando nossa esperança, abrindo-nos caminho!

Ir. Afonso Murad

Perfil de Maria numa sociedade plural

*Afonso Murad**

O fenômeno religioso atual se reveste de tantas facetas que é difícil captá-lo em todas as suas dimensões. Se antes o âmbito da religião parecia tão estável quanto os fundamentos da Terra, hoje ele se assemelha mais a inesperados terremotos e tsunamis, a uma "metamorfose ambulante", na expressão de Raul Seixas. No seio de uma mesma família, tradicionalmente marcada por determinada confissão religiosa, já não existe mais unanimidade de crença. E no interior das religiões e das Igrejas este fato também se evidencia em distintas correntes, grupos e movimentos. O fenômeno do pluralismo religioso é notório. Há pessoas buscando a Deus, nas religiões ou fora delas. Há outras que se refugiam no passado ideal com suas tradições, a ponto de aderir a correntes fundamentalistas. E ainda há tantos que perderam sua identidade religiosa e não se importam mais com isso...

---

* Marista, doutor em Teologia Sistemática pela Pontifícia Universidade Gregoriana de Roma. MBA em Gestão e Tecnologia Ambientais, no PECE do Instituto Politécnico da USP. Professor de Teologia no Instituto Santo Tomás de Aquino (ISTA) e na Faculdade Jesuíta (FAJE), em Belo Horizonte. Articula seu pensamento a partir de várias ciências e saberes, como a educação, a gestão, a comunicação e a ecologia. Criou os Projetos de Educação Ambiental "Amigo da Água"e "Ecoagente". É autor de vários livros.

A figura de Maria, a Mãe de Jesus, apresenta-se também de muitas formas, nesta sociedade marcada por grande diversidade de visões, percepções, esquemas mentais, experiências religiosas e formas de explicitação. Embora Maria de Nazaré seja uma só, multiplicam-se as interpretações sobre sua figura para os tempos de hoje.

Com tal diversidade e simultaneidade, manifestam-se ao menos três posturas diante da pluralidade. A primeira consiste na intolerância. Diante do diferente, que lhes parece ameaçador, pessoas e grupos cristãos se refugiam em suas trincheiras, ora assumindo atitudes reativas, ora disparando pesados ataques doutrinais contra aqueles(as) que consideram como errados ou hereges. No extremo oposto, situa-se a segunda posição, de total indiferença ou aceitação acrítica. Ela se traduz numa frase comum: "Cada um tem sua visão, mas Deus é um só. Então, cada um fique com aquilo que julgue o melhor para si". E evitando os extremos, situa-se outra posição. Ela julga que, em princípio, a diversidade é saudável, desde que haja critérios comuns e esforço de somar, em clima de diálogo. Por isso, deve-se exercitar constantemente o discernimento.

Apresento aqui algumas visões sobre Maria que se encontram na sociedade brasileira atual. A apresentação não se limita a uma descrição fria e equidistante. Antes, tem uma finalidade pastoral: ajudar cristãos e cristãs a perceber essas diferentes visões e, à luz do Evangelho e da sensibilidade aos valores espirituais do nosso tempo, superar limites, evitar extremismos e ampliar o horizonte. Situo-me no horizonte da teologia católica, com abertura ao diálogo ecumênico e inter-religioso. Não se trata de um quadro completo nem estatisticamente classificado. Este estudo, de natureza teológica, poderia ser ampliado com as pesquisas das ciências da religião.

1. O perfil devocional, herdado do Catolicismo tradicional

Durante séculos, o Cristianismo católico construiu e consolidou um perfil sobre Maria, a Mãe de Jesus. Na sua versão ocidental, ele apresenta características tais que levam Maria a ser a figura mais importante da espiritualidade, a ponto de ser mais citada que o próprio Jesus. Além disso, a Mãe de Jesus se torna um dos elementos definidores da identidade católica e ortodoxa, em contraposição à concepção protestante. Ser católico (ou ortodoxo) significa venerar Maria, rezar para ela, tê-la como mãe na fé.

No perfil devocional, Maria é vista como a Mãe do Céu, que habita na esfera divina e está continuamente cuidando de nós, seus pobres filhos peregrinos neste mundo. Maria tem um lugar especial neste espaço do sagrado, pois concilia dois aspectos aparentemente contrários: poder divino e proximidade humana. Habitando na esfera do transcendente (acima de tudo e de todos), revela-se extremamente condescendente (bondosa, compassiva), fazendo um contraponto com a figura de Deus Pai, o justo juiz, que imprime temor reverencial e medo nos fiéis. Como intercessora, consegue junto a Jesus os milagres pedidos. Mas seu poder não amedronta, pois nela transparece a bondade materna, que acolhe, compreende intuitivamente e manifesta amor gratuito e fontal. As muitas "Nossas Senhoras" traduzem diferentes expressões da mesma Maria glorificada, que junto de Deus atua como mãe e intercessora.

Maria também é apresentada como modelo de comportamento, sobretudo para as mulheres. Ela reuniria várias características que, na tradicional sociedade patriarcal, são atribuídas às mulheres: virgindade, maternidade, atuação no lar, obediência, silêncio, preocupação constante com o filho, persistência na dor e no sofrimento.

Especialmente na América Latina, desenvolveu-se uma forte devoção a Maria, estreitamente ligada à importância da figura cultural da mãe, que incorporou e mesclou a tradição devocional ibérica com elementos do culto telúrico (à mãe Terra) e das figuras de divindades femininas provenientes de tradições indígenas e africanas.

Da análise ao discernimento

A V Conferência Geral do Episcopado Latino-Americano e do Caribe, acontecida em 2007 na cidade de Aparecida, emitiu um parecer sobre essas manifestações religiosas marianas no seu documento final. Já na introdução, o *Documento de Aparecida (DAp)* acolhe esse perfil devocional, ao mesmo tempo que o completa com novas percepções sobre Maria: "Maria, Mãe de Jesus Cristo e de seus discípulos, tem estado muito perto de nós, tem-nos acolhido, tem cuidado de nós e de nossos trabalhos, amparando-nos [...] na dobra de seu manto, sob sua maternal proteção". Pede-se a ela, "como mãe, perfeita discípula e pedagoga da evangelização, que nos ensine a ser filhos em seu Filho e a fazer o que ele nos disser".

Conforme o *Documento de Aparecida*, o perfil tradicional de Maria, marcadamente devocional, tem muitos valores: "Em nossa cultura latino-americana e caribenha conhecemos o papel que a religiosidade popular desempenha, especialmente a devoção mariana, contribuindo para nos tornar mais conscientes de nossa comum condição de filhos de Deus e dignidade perante seus olhos" (*DAp*, n. 18). A piedade popular, fortemente mariana, deve ser assumida no processo evangelizador, pois ela "penetra a existência pessoal de cada fiel. Nos diferentes momentos da luta cotidiana, muitos recorrem a algum pequeno sinal do amor de Deus" (*DAp*, n. 261), como o rosário ou o olhar a uma imagem de Maria. Nesse sentido, "a fé encarnada na cultura pode penetrar cada vez mais nos nossos povos, se valorizarmos positivamente o que o Espírito Santo já semeou ali" (*DAp*, n. 262).

Ora, a piedade mariana é um ponto de partida para conseguir que a fé amadureça e se faça mais fecunda. Simultaneamente, desenvolve-se uma atitude de aceitação e de mudança: "[...] é preciso ser sensível a ela, saber perceber suas dimensões interiores e seus valores inegáveis. É necessário evangelizá-la ou purificá-la, assumindo sua riqueza evangélica" (*DAp*, n. 262). Não basta continuar repetindo aquilo que a comunidade eclesial recebeu no passado. Algo mais deve ser acrescentado à prática cristã. Entre outras coisas, o *Documento de Aparecida* sugere conhecer a vida de Maria e dos santos, para se inspirar no seu jeito de ser e agir. Além disso, intensificar o contato com a Bíblia, a participação na comunidade e o serviço do amor solidário (cf. *DAp*, n. 262).

Praticamente, todos os católicos estão de acordo que esta é uma herança legítima, que deve ser acolhida, respeitada, valorizada e integrada. O questionamento surge quando o perfil devocional é promovido de forma agressiva e pouco criteriosa, com intenção proselitista (arrebanhar fiéis e polemizar com outras Igrejas cristãs) e mercadológica (aumentar a visibilidade católica massiva), perdendo o foco da centralidade da pessoa de Jesus.

A partir da década de 1960, vários teólogos sinalizaram que o perfil devocional de Maria apresentava limites e fragilidades, tanto pastorais quanto teológicos. O católico mediano gosta de Maria porque ela "é Mãe de Jesus e nossa mãe". Mas desconhece o perfil bíblico da Mãe de Jesus, apresentado nos Evangelhos de Lucas e João. Trata-se de uma devoção arraigada, mas pouco desenvolvida, reduzida a um grau primário de elaboração. Pode-se mostrar frágil em situações de polêmica e questionamento advindo de outras Igrejas cristãs. Um perfil atual de Maria necessita de sólida fundamentação na Bíblia.

Do ponto de vista da dimensão central da fé cristã, que é a experiência trinitária de Deus, o devocionismo mariano apresenta sérios riscos, pois tende imperceptivelmente a atribuir a Maria características das três pessoas divinas. Assim, ela poderia ocupar o lugar do Pai (fonte divina da misericórdia), do Filho (único mediador) e do Espírito Santo (consolador). Há um deslocamento perigoso. Maria sai completamente do âmbito do humano e entra naquele do divino.

A teologia cristã, seguindo os passos de Jesus, afirma com clareza que esta Maria glorificada, que reverenciamos como Mãe de Cristo e nossa mãe, é a mesma Maria de Nazaré, que peregrinou neste mundo como um de nós. Especialmente agraciada por Deus, desempenhou a missão de mãe, educadora e discípula de Jesus. Dele recebeu, no momento de sua passagem para o Pai, o mandato de se tornar a mãe da comunidade cristã. O fato de reconhecer que ela participa da comunhão dos santos, naquele lugar único de estar mais perto de Cristo e mais perto de nós (como afirma o Concílio Vaticano II), não anula a sua dimensão humana. Ao contrário. São duas etapas de vida da mesma pessoa.

Certa literatura devocional, que hoje volta à baila, respaldando-se até em pretensas visões místicas, tende a endeusar Maria a ponto de obscurecer sua face humana. Parece que ela flutuou neste mundo. Não pisou no chão! Tudo já parecia claro para ela, que teria seguido um plano predefinido nos mínimos detalhes pelas mãos divinas. Aquela que se autodefiniu como "serva do Senhor" (Lc 1,38) é apressadamente elevada à condição de Rainha, título desconhecido na Bíblia para Maria. Adornada de tantos privilégios, distante de um perfil humano alcançável, dificilmente será uma referência ética e próxima para homens e mulheres de hoje.

Os argumentos favoráveis ao devocionismo ilimitado se multiplicam, usando até analogias de natureza antropológica. Por exemplo: "Todo ser humano tende a exaltar ao máximo possível a sua mãe. A ela dirige palavras carinhosas e até exageradas; diante dela não mede o afeto. Assim fazemos nós com Maria, a mãe do Céu. Nosso amor para ela e a exaltação do seu nome devem ser ilimitados". Ora, tal afirmação não resiste à crítica da psicologia moderna. Hoje se sabe que a idealização da figura da mãe é prejudicial aos filhos e à própria mãe. Pode manter as pessoas em estado de dependência e infantilização, impedindo-as de alcançar a maturidade. Se tal postura não é saudável com relação às mães terrenas, porque desejar isso para Maria de Nazaré, nossa mãe na fé?

A devoção sem limites faz enorme sucesso, arrebata multidões, enche os templos. Mas carrega consigo uma perigosa ambiguidade. Cedo ou tarde, acaba favorecendo uma fé infantilizada, desencarnada, com pouco fundamento bíblico, desfocada do centro que é Jesus e a Trindade.

A renovação da piedade mariana

Uma das questões mais espinhosas para a teologia católica reside em como explicar a legitimidade do culto a Maria, mantendo a centralidade do culto cristão a Jesus, no horizonte da Trindade. Tal desafio foi enfrentado pelo Concílio Vaticano II, nos anos de 1960 a 1965, num período que marcou grande revisão da prática cristã e da concepção de Igreja e promoveu um fecundo diálogo com o mundo contemporâneo. O Concílio dedicou o capítulo VIII da constituição pastoral *Lumen Gentium* [*Luz dos povos*] a Maria, apresentando-a no quadro de articulação em relação a Jesus e à comunidade eclesial.

O Concílio Vaticano II respondeu a esta questão dogmático-pastoral: se Jesus é o único mediador entre Deus e a humanidade, como compreender, então, a intercessão dos santos e especialmente a de Maria? Ora, conforme o documento conciliar, Cristo é o único mediador. A missão materna de Maria não diminui a mediação única de Cristo, mas mostra a sua potência. Não se origina de uma necessidade interna, mas do dom de Deus. Não impede, mas favorece a união dos fiéis com Cristo (*LG*, n. 60). Nenhuma criatura jamais pode ser colocada no mesmo plano do Verbo encarnado e redentor. Mas o sacerdócio de Cristo é participado de vários modos pelo Povo de Deus, e a bondade de Deus é difundida nas criaturas. A única mediação do Redentor suscita nas criaturas uma variada cooperação, que participa de uma única fonte (*LG*, n. 62). Portanto, o Concílio reconhece a legitimidade de recorrer à intercessão de Maria, pois se trata de cooperar na única mediação de Cristo. Não se utiliza a expressão "medianeira", ambígua e com acentos maximalistas.

Como o culto a Maria se compagina com o culto a Deus, que na liturgia se manifesta claramente trinitário (ao Pai, pelo Filho, no Espírito)? Recordando que a colaboração de Maria não está no mesmo plano da missão redentora de Jesus, mas sim em função dessa missão, e dela depende incondicionalmente (*LG*, n. 62), o Concílio Vaticano II reconhece que o culto a Maria é singular, diferindo do e se orientando para o culto à Trindade (*LG*, n. 66). Por fim, alerta sobre os equívocos dos extremos do minimalismo (subtrair a presença de Maria do cotidiano dos católicos) e do maximalismo (devocionismo que se afasta da centralidade de Jesus): "Recomenda-se o culto a Maria, evitando tanto os exageros quanto a demasiada estreiteza de espírito. A verdadeira devoção a Maria não consiste num estéril e transitório afeto, nem numa vã credulidade, mas no reconhecimento da figura de Maria e no seguimento de suas virtudes" (*LG*, n. 67).

Pouco conhecido (e pouco valorizado) nos meios católicos atuais, o Papa Paulo VI escreveu alguns anos depois a encíclica sobre o culto a Maria, denominada justamente *Maria-*

lis Cultus (MC), em 1975. Apesar de relativamente distante no tempo, esse documento eclesial contém preciosas reflexões e claras orientações, que foram esquecidas rapidamente, ou nem sequer chegaram ao conhecimento das lideranças eclesiais. Segundo Paulo VI, as manifestações da piedade mariana aparecem de muitas formas, de acordo com tempo e lugar, sensibilidade dos povos e suas tradições culturais. Como são sujeitas ao desgaste do tempo, necessitam de renovação, para valorizar os elementos perenes e substituir os anacrônicos, incorporando os dados da reflexão teológica e do magistério. Por isso, deve-se fazer uma revisão dos exercícios de piedade mariana, ao mesmo tempo respeitando a sã tradição e estando abertos "para receber as legítimas instâncias dos homens de nosso tempo" (*MC*, n. 24).

Paulo VI aponta três critérios para rever ou recriar exercícios de piedade mariana, o que seguramente ampliaria o perfil tradicional sobre a Mãe de Jesus:

- *Cunho bíblico:* não somente diligente uso de textos e símbolos tirados da Escritura, mas que "as fórmulas de oração e os textos destinados ao canto assumam os termos e a inspiração da Bíblia". O culto a Maria deve estar permeado pelos grandes temas da mensagem cristã (*MC*, n. 30).

- *Cunho litúrgico:* as práticas devocionais devem considerar os tempos litúrgicos e encaminhar para a liturgia, como grande celebração da vida, morte e ressurreição de Jesus. Evitem-se os extremos dos que desprezam os exercícios de piedade, criando um vazio, e dos que misturam exercício piedoso e ato litúrgico, em celebrações híbridas (*MC*, n. 31).

- *Sensibilidade ecumênica:* por causa do seu caráter eclesial, no culto a Maria refletem-se as preocupações da própria Igreja. Entre elas se destaca o anseio pela unidade dos cristãos. A piedade mariana torna-se sensível aos apelos do movimento ecumênico e adquire também um caráter ecumênico [...]. Assim, "sejam evitados, com todo o cuidado, quaisquer exageros, que possam induzir em erro os outros irmãos cristãos, acerca da verdadeira doutrina da Igreja Católica; e sejam banidas quaisquer manifestações cultuais contrárias à correta prática católica" (MC, n. 32).

Podemos concluir, então, que o perfil devocional de Maria é legítimo, dentro do horizonte católico, desde que centrado na figura de Jesus Cristo, nosso mestre e Senhor. Como todas as coisas boas, também a devoção mariana deve ter lugar certo e critérios de discernimento. O exagero, a destemperança devocional, pode se degenerar numa doença, cujo principal sintoma é a intolerância e a perda de lucidez.

2. Traços renovados de Maria, a partir da Bíblia e da atualidade

Nos últimos cinquenta anos, o perfil católico de Maria ampliou-se enormemente. Surgiram novas visões sobre a Mãe de Jesus, tanto a partir de movimentos de espiritualidade, pastorais e teologias contextuais, quanto do magistério oficial da Igreja. E exatamente essa simultaneidade sinaliza a riqueza e a interdependência das distintas contribuições. Elas não competem entre si, mas sim se complementam. Constituem um mosaico em construção.

Maria, mulher judia e mediterrânea

Pesquisas arqueológicas, históricas e literárias nos últimos sessenta anos forneceram dados para conhecer a Palestina do século I e a sociedade do tempo de Jesus, sob muitos pontos de vista: arquitetônico, cultural, econômico, político, social e religioso. Deu elementos para interpretar os textos da época em relação ao cenário. Tal soma de informações ocasionaram uma verdadeira revolução na cristologia e também na mariologia. Embora as conclusões desses estudos se situem num nível aproximativo, servem para corrigir alguns e ajudam a compreender os textos dos Evangelhos no seu contexto.

As pesquisas mostraram que grande parte das afirmações contidas nos chamados textos apócrifos, que alimentaram a devoção cristã durante séculos, não têm fundamento histórico. Eles foram escritos por grupos cristãos com forte influência de correntes gregas que desvalorizavam a realidade humana a ponto de negar a real Encarnação do Filho de Deus. Narrada pelo apócrifo "Protoevangelho de Tiago", é improvável a euforia dos pais de Maria por ocasião do nascimento da menina, pois na cultura judaica se esperava sempre o primogênito homem. Quando vinha à luz uma menina, era motivo de tristeza para a família! Da mesma forma, não se pode afirmar que Maria viveu no Templo de Jerusalém como virgem consagrada, desde os oito até os doze anos de idade, como sustentam vários apócrifos, pois não havia este costume no tempo de Jesus. A narração do parto virginal de Jesus, no "Evangelho da infância de Maria", está carregado de elementos mitológicos, negando que o Filho de Deus "se fez carne e veio morar entre nós" (Jo 1,14)! As cenas mirabolantes, como aquela na qual o menino Jesus destrói os ídolos dos templos do Egito com um simples olhar, não condizem com o perfil de Cristo nos Evangelhos.

Pode-se afirmar com certo grau de confiabilidade histórica que Maria era uma mulher pobre, que passou grande parte de sua vida na pequena cidade de Nazaré, na região Norte da Palestina denominada Galileia. Como mulher, sofria a discriminação que se impunha às mulheres de seu tempo, tais como: pouco acesso aos espaços públicos para aprender a ler e a escrever, leis e prescrições referentes à pureza ritual devido ao fluxo de sangue da menstruação, restrição ao espaço privado da casa, risco de pobreza e abandono em caso de viuvez.

Como judia, Maria fazia parte de um povo que se autocompreendia à luz da aliança com Javé. Conhecia os preceitos da Torá, ouvia os relatos dos profetas, rezava os Salmos, guiava sua existência iluminada pelos escritos sapienciais. Junto com outros homens e mulheres, era membro de um povo cuja história está marcada pela luta por liberdade, terra e fidelidade a Deus. Um povo que, diante de crises e destruições, refazia teimosamente seu caminho. No entanto, Maria e seus conterrâneos viviam sob a opressão de uma religião que passava por certa decadência e formalismo por causa do poder dos fariseus, escribas, doutores da lei (na Galileia) e do sinédrio (em Jerusalém). Além disso, a Palestina estava dividida em três diferentes províncias políticas, sob poder do Império Romano.

Diante desse quadro, pode-se entender como foi desafiador para Maria, uma piedosa mulher do interior da Palestina, aceitar os ensinamentos radicais de Jesus e compreender os seus gestos inusitados, que iam em direção oposta à religião dominante da época, embora tivessem raízes profundas na espiritualidade judaica. Com atitudes e palavras, Jesus anunciou uma boa-nova: Deus é um paizinho amoroso que vai ao encontro do ser humano (Lc 15); o ser humano necessitado é mais importante do que as leis religiosas (Mc 2,23-28); o que torna uma pessoa pura ou impura não são os procedimentos rituais, mas o núcleo das suas opções, suas atitudes e suas palavras (Mc 7,1-23); os pobres e necessitados são os primeiros no Reino de Deus (Lc 6,20s). Jesus denuncia a discriminação religiosa e social e promove o protagonismo dos pobres, das mulheres e dos pecadores convertidos. Isso era inconcebível no seu tempo. Quem comia com pessoas de má fama também se tornava um deles. Lugar de mulher era dentro de casa, sob controle direto da autoridade masculina. Jesus acolhe em seu grupo peregrinante pobres e pecadores e associa aos seguidores algumas mulheres (Lc 8,1-3), que até mesmo contribuem com seus bens. Maria, provavelmente, fez parte desse grupo das mulheres seguidoras de Cristo.

Do ponto de vista da estrutura familiar, as pesquisas históricas mostraram que os judeus viviam em clãs, famílias amplas sob o poder último da figura masculina. Os papéis do homem e da mulher estavam bem definidos. Como acontecia em grande parte das famílias mediterrâneas, a mãe tinha um poder enorme dentro de casa e estabelecia fortes laços com os filhos. No dizer do antropólogo bíblico Bruce Malina:

> O pai domina sobre a família e a representa frente ao exterior. Tudo quanto se relaciona com a família no âmbito externo é controlado pelo pai e tem caráter masculino: herança, terras circundantes, relações jurídicas (isto é, por linha paterna), animais produtivos, filhos adultos. Por outra parte, tudo quanto mantém a família no interior

está sob o cuidado da mãe e tem, em geral, caráter feminino: cozinha, relações por linha materna, cabras leiteiras e outros animais domésticos, filhas solteiras, noras que vivem com a família, crianças do sexo masculino que não têm idade suficiente para estar com o pai. (*El mundo social de Jesús y los evangelios*. Santander: Sal Terrae, 2002. p. 139s)

A família biológica, reunindo pai, mãe, irmãos, primos, sobrinhos e cunhadas, controlava seus membros de forma estrita. Mais importante do que o indivíduo era o nome da família. Daí se entende a força do gesto de Jesus de libertar-se a tutela da família biológica e iniciar uma "nova família", baseada não mais nos laços sanguíneos, mas na adesão à causa do Reino de Deus e na prática da fraternidade entre iguais: "Minha mãe e meus irmãos são aqueles que fazem a vontade do Pai" (Mc 3,34). Imagine o que significou para Maria renunciar aos privilégios de mãe mediterrânea, que controlava os filhos no âmbito do lar, e se lançar publicamente no grupo dos seguidores de seu filho! Uma grande mudança: de educadora a discípula, de mãe a irmã mais velha.

Maria de Nazaré, uma mulher-referência para os cristãos

Nos últimos anos redescobriu-se a figura de Maria a partir dos Evangelhos de Lucas e João. Posteriormente, o magistério da Igreja a assumiu, de forma oficial, como traços do seu perfil. O trabalho ecumênico, coordenado pelo teólogo católico norte-americano Robert Brown, intitulado *Maria no Novo Testamento* (Paulus), identifica algumas características inusitadas de Maria que a visão devocional não permitia perceber. Resumidamente, seriam estes os traços de Maria, numa leitura contemporânea do Evangelho de Lucas: perfeita discípula de Jesus, peregrina na fé.

Maria, a perfeita discípula de Jesus

O trabalho de R. Brown mostra que o evangelista Lucas enfatiza três características do(a) seguidor(a) de Jesus: ouvir a Palavra, guardar no coração e frutificar (Lc 8,15). Esse também será o quadro de referência que Lucas utiliza para apresentar Maria. Ela ouve e acolhe com inteireza a proposta de Deus, como se narra na cena da anunciação (Lc 1,38). No correr do processo em que educa a Jesus, nem sempre compreende o sentido dos fatos. Por isso mesmo, guarda-os em seu coração, meditando sobre eles (Lc 2,19.51). É aprendiz da vida, descobrindo nos fatos os sinais que eventualmente são Palavra de Deus. Não se trata de um silêncio vazio ou imposto, e sim de uma atitude ativa, heurística. Tais atitudes – de acolher ativamente a Palavra interpeladora de Deus e cultivá-la no espaço interior da mente e do coração – resulta em frutos na fé (Lc 1,42). Por isso, quando Jesus responde à mulher que elogia a mera maternidade física, está revelando o grande segredo de Maria: "Felizes antes são os que ouvem a Palavra de Deus e a praticam" (Lc 11,28).

Paulo VI, na encíclica *Marialis Cultus* (n. 35), resgata oficialmente o perfil de Maria como a perfeita discípula de Jesus. Ele diz:

> Maria foi proposta pela Igreja à imitação dos fiéis, não exatamente pelo tipo de vida que ela levou ou, menos ainda, por causa do ambiente sociocultural em que se desenrolou a sua existência, hoje

superado quase por toda a parte; mas sim porque, nas condições concretas da sua vida, ela aderiu total e responsavelmente à vontade de Deus (Lc 1,38); porque soube acolher a sua palavra e pô-la em prática; porque a sua ação foi animada pela caridade e pelo espírito de serviço; e porque, em suma, ela foi a primeira e a mais perfeita discípula de Cristo – o que, naturalmente, tem um valor exemplar universal e permanente.

Maria, a peregrina na fé

O Concílio Vaticano II fez uma breve afirmação, que provocou grande mudança na mariologia: "[...] no ministério público de Jesus, Maria avançou em peregrinação de fé" (*LG*, n. 58). Como aconteceu isso?

Os estudos bíblicos sobre Maria em Lucas mostram que ela não tinha o domínio de todas as informações nem sabia antecipadamente tudo o que iria acontecer. Nisso reside a grandeza de sua fé: arriscar-se em Deus, confiar, dar crédito ao Senhor da história. A cena do "desencontro no templo" manifesta com clareza que Maria e José não entenderam o que Jesus adolescente lhes disse (Lc 2,49-50), num momento em que eclode sua consciência messiânica. Logo a seguir, eles voltam a Nazaré. Jesus cresce em sabedoria, idade e graça (Lc 2,52). Maria também, ao recordar os fatos, buscar o sentido, situar-se em meio aos acontecimentos e, assim, renovar o seu sim (Lc 2,51).

Outra cena narrada por Lucas, que ganha nova luz com os estudos bíblicos recentes, é aquela do encontro com Simeão. O ancião, cheio de espírito profético, anuncia que Jesus será causa de contradição, que ocasionará a elevação e a queda de muitos (Lc 2,34). E para Maria são dirigidas as palavras enigmáticas: "Uma espada vai transpassar seu coração" (Lc 2,35). E se conclui: "Assim serão reveladas as contradições de muitos corações". A Palavra viva, que é o próprio Jesus, com seus gestos e palavras, causa contradição e revela o que está escondido no coração das pessoas. O(a) seguidor(a) de Jesus, no caminho da fé, também se deixa transpassar da novidade radical de Jesus. O apelo à conversão (metanoia), que ecoa na primeira palavra de Jesus ao anunciar a aproximação do Reino de Deus (Mc 1,15), não significa somente a mudança do mal para o bem, mas colocar-se em um caminho de crescimento e aprendizagem contínua, que lhe abre inusitadas possibilidades e descobertas surpreendentes. Nesse sentido, todos os seguidores de Jesus, até mesmo Maria, estão nesse movimento de metanoia, de conversão. São peregrinos na fé. A esse respeito, vale retomar resumidamente uma iluminadora citação do *Documento de Aparecida*:

> Maria é a máxima realização da existência cristã. Através de sua fé (Lc 1,45) e obediência à vontade de Deus (Lc 1,38), assim como por sua constante meditação da Palavra e das ações de Jesus (Lc 2,19.51), é a discípula mais perfeita do Senhor. Interlocutora do Pai, Maria é o primeiro membro da comunidade dos crentes em Cristo. Sua figura de mulher livre e forte emerge do Evangelho, conscientemente orientada para o verdadeiro seguimento de Cristo. Ela viveu toda a *peregrinação* da fé, na incompreensão e na busca constante do projeto do Pai. (cf. *DAp*, n. 266)

Maria, a servidora

Na Bíblia se utiliza a palavra *edeb* (hebraico) e *doulos* (grego) para expressar várias coisas, tais como: escravo, servo, servidor, aquele(a) que está a serviço da causa de Deus e

32

age por ele. Pode ser um indivíduo ou uma coletividade. John Mackenzie sustenta que a palavra "servo" recorda "todos aqueles que foram instrumentos dos atos salvíficos de Deus" (*Dicionário de teologia*. São Paulo: Paulinas, 1984. p. 870).

Nas profecias de Isaías sobre a figura do servo de Javé, diz-se que "Javé dispôs a minha boca como espada pontiaguda [...] preparou-me como uma flecha cortante" (Is 49,2). Quem se coloca como servidor da causa de Deus não somente experimenta a espada cortante dos desafios propostos por ele, mas também se transforma numa espada a serviço de sua causa. Simultaneamente, é discípulo e missionário, como se diz no *Documento de Aparecida*. E quanto mais assume a missão, mais também deve intensificar a experiência de ouvir e meditar a Palavra. A respeito do servo, diz ainda o profeta Isaías: "O Senhor Deus me deu língua de discípulo, para que eu saiba acudir ao enfraquecido. Ele faz surgir (em mim) uma palavra. Manhã após manhã ele me desperta o ouvido, para que eu escute, como os aprendizes" (Is 50,4).

Maria, a servidora do Senhor (Lc 1,38), mãe, educadora e discípula de Jesus experimenta no correr da existência um longo trajeto, com surpresas e interpelações. Assume-se como missionária, partindo às pressas rumo à região montanhosa onde está Isabel (Lc 1,39). O serviço a Isabel consiste simplesmente em estar junto a ela, ao seu lado. Nada de especial ou extraordinário. Aliás, trata-se de um serviço dialogal. Lilia Sebastiani, na bela obra *Maria e Isabel: ícone da solidariedade* (São Paulo: Paulinas, 1998. p. 54), diz:

> Naquele tempo era normal que as mulheres grávidas, ou parturientes, ou com bebês recém-nascidos, fossem ajudadas por outras mulheres. Em geral, por mulheres maduras e de grande experiência,

que tinham dado à luz muitos filhos e viviam nas redondezas. Não se vê porque Isabel deveria precisar da ajuda de uma mocinha que, além de vir de uma outra região, não sabia nada a respeito de gravidez e de parto [...] Maria teria deixado Isabel logo após o momento do parto (Lc 1,56), exatamente quando a mãe idosa mais poderia precisar dela.

Então, qual seria o sentido mais profundo da viagem de Maria em direção a Isabel, além do serviço solidário? Conforme L. Sebastiani,

> Maria foi à procura de Isabel movida pelo desejo de aprofundar, mediante o diálogo, o conhecimento da revelação que tinha recebido. Em outros termos: para confirmar e ser confirmada na fé. Sua viagem à Judeia é um símbolo do caminho da fé que precisa ser testemunhada, compartilhada, que precisa servir; dessa fé que se faz encontro, que é escuta da Palavra de Deus, Palavra que, quando é ouvida com autenticidade, é profundamente criativa e dialogante. (p. 55)

A vida de Maria assemelha-se a uma espiral crescente, na qual acontece o movimento contínuo e progressivo de ouvir, meditar e frutificar. Ser discípula e peregrina na fé se manifesta com características intercambiáveis de Maria: aprende e cresce, caminha e aprende mais. Discretamente, partilha suas descobertas e reelabora-as. Experimenta a espada inaudita dos gestos e palavras de Jesus e faz-se também espada. A complexidade do perfil de discípulo-missionário, de anúncio alegre e conflituoso, de gratuidade e empenho histórico, da qual Maria é a grande expressão histórica e simbólica, transparece no cântico de *Magnificat* (Lc 2,46-55), o canto profético do novo tempo.

Maria, mulher que profetiza o novo tempo

O cântico de Maria, inspirado na oração veterotestamentária de Ana, a mãe de Samuel, inicia-se com um louvor exuberante, no qual se reconhecem sobretudo os católicos renovados (carismáticos): "Minha alma engrandece o Senhor, exulta meu espírito de alegria em Deus, meu Salvador" (Lc 1,46). Trata-se de uma verdadeira explosão de alegria em Deus. Como bem explicou o teólogo Xavier Pikaza, "alma" aqui não significa um componente espiritual que se contraporia ao corpo, como acontece na antropologia grega, mas sim o "coração" do ser humano, segundo a compreensão judaica. Ou seja, a fonte dos sentimentos, das opções, do direcionamento da existência. Já a palavra espírito expressa o ser humano, em sua totalidade, enquanto aberto a Deus. O cântico se inicia assim: o mais profundo de Maria abrindo-se às profundezas de Deus. Alegria, louvor, reconhecimento e gratidão brotam de Maria nesta prece. Pois Deus voltou seus olhos para Maria e fez nela maravilhas (Lc 1,48s).

Na segunda parte do *Magnificat*, Maria proclama que o amor misericordioso e gratuito de Deus estende-se também a todos(as) aqueles(as) que o respeitam e aderem à sua causa, traduzida por Jesus na expressão "Reino de Deus". Ao se efetivar, o Reino traz consigo conflito. Descortina a injustiça estrutural escondida, alerta sobre a ganância humana e a acumulação de bens. Deus intervém na história realizando algo semelhante às ações afirmativas: dispersa os orgulhosos, derruba os poderosos de seus tronos e eleva os humildes, sacia de bens os famintos e despede os ricos de mãos vazias (Lc 1,50-54).

Por mais que se busque uma interpretação espiritualizante e subjetiva para essas palavras de Maria, é difícil negar que elas são desconcertantes, provocadoras e questionadoras. São como uma espada a provocar a consciência social! Aliás, o *Magnificat* de Maria antecipa as *bem-aventuranças* e as denúncias de Lc 6,20-26 e só pode ser compreendido em sua extensão à luz dessa proclamação de Jesus. Era como se Lucas dissesse: a consciência religiosa e social de Maria está em consonância com a pregação e a prática social de Jesus.

As teólogas Ivone Gebara e Maria Clara Bingemer, no livro *Maria, mãe de Deus e mãe dos pobres* (Petrópolis: Vozes, 1987. p. 87), afirmam, a respeito dessa consciência social que eclode do *Magnificat*:

> O canto de Maria é um canto de combate de Deus travado na história humana, pela instauração de um mundo de relações igualitárias, de respeito profundo a cada ser, no qual habita a divindade [...] É da boca de uma mulher que sai este canto de combate ao mal, como se apenas do seio de uma mulher pudesse nascer um povo novo. A imagem da mulher grávida [...] é a imagem de Deus que pela força de seu Espírito faz nascer homens e mulheres entregues à justiça, vivendo a relação com Deus na amorosa relação aos seus semelhantes. O canto de Maria é o programa do Reino de Deus, assim como o programa de Jesus, lido na sinagoga de Nazaré (Lc 4,16-21).

Para a comunidade de Lucas, como também para a Igreja de hoje, Maria do *Magnificat* simboliza a fé que assume dimensões sociais. Trata-se do mesmo espírito da profecia bíblica, que articula recordação da aliança, denúncia social, anúncio esperançoso e renovação do sonho.

less
Conclusão aberta

Outros aspectos do perfil de Maria poderiam ser ainda abordados, como os que brotam de uma leitura contemporânea do Evangelho de João. O evangelista apresenta Maria como "a mulher", figura feminina da comunidade cristã; a pedagoga na fé que leva os servos-amigos de Jesus a fazer sua vontade; a figura de fé madura e perseverante no momento difícil da paixão-morte de Jesus; a mãe da comunidade que é recebida pelo discípulo amado.

O perfil devocional de Maria, herdado por longa tradição católica de longos séculos, é legítimo e tem levado muitas pessoas a viverem sua fé com intensidade e coerência. Ele expressa algo reconhecido na comunidade eclesial: Maria está glorificada junto de Deus e na comunhão dos santos intercede por nós, colaborando, assim, na única e includente mediação de Cristo. Em uma expressão: Maria, nossa Mãe na fé. O perfil devocional necessita ser atualizado para superar os anacronismos e manter viva a relação com aquela que está mais perto de Jesus e mais próxima de nós.

Na legítima pluralidade da fé cristã contemporânea, reconhece-se que outros perfis de Maria são igualmente legítimos, pois estão ancorados em dados bíblicos e numa leitura dos sinais dos tempos que levam em conta a sensibilidade dos homens e das mulheres de hoje, como bem caracterizou Paulo VI na encíclica *Marialis Cultus* e a atualizou o *Documento de Aparecida*. As pesquisas bíblicas, a ação pastoral na sociedade urbana e plural, a teologia da libertação, a teologia de gênero e o diálogo ecumênico favoreceram o despertar de novos perfis de Maria. Essas visões não competem entre si, mas sim formam um belo e incompleto mosaico que nos apresenta Maria como "nossa irmã na fé".

Este novo caminho está apenas começando. Somos convidados a trilhá-lo!

Referências

BEATTIE, Tina. *Redescobrindo Maria a partir dos Evangelhos.* São Paulo: Paulinas, 2003.

CELAM. *Conclusões da V Assembleia em Aparecida.* Disponível em: <http://www.celam.org/aparecida.php#>.

FIORES, Stefano de. *Maria Madre de Jesús. Síntesis histórico-salvífica.* Salamanca: Secretariado Trinitario, 2002.

GÓMES-ACERBO, Isabel. Maria y la cultura mediterrânea In: Id. (ed.). *María, mujer mediterrânea.* Bilbao: DDB, 1999.

MALINA, Bruce J. *El mundo social de Jesús y los evangelios.* Santander: Sal Terrae, 2002.

OSSANNA, Tullio F. *Maria nossa irmã.* São Paulo: Paulinas, 1977.

PAULO VI. *Marialis Cultus.* Disponível em: <http://www.vatican.va/holy_father/paul_vi/apost_exhortations/documents/hf_p-vi_exh_19740202_marialis-cultus_po.html>.

SEBASTIANI, Lilia. *Maria e Isabel;* ícone da solidariedade. São Paulo: Paulinas, 1998.

Maria, a mulher

*Lina Boff**

Considerações histórico-teológicas

A reflexão da Igreja contemporânea, sobre o mistério de Cristo e sobre sua própria natureza, levou-a a encontrar, na base do mistério de Cristo, não só a figura da mulher em Maria de Nazaré, mas as mulheres que aparecem ao longo de todo o Novo Testamento, as quais vêm na linhagem das grandes mães e das grandes matriarcas do Antigo Testamento, mulheres essas que sempre se colocaram do lado do povo. Na base da fé do Povo de Deus, peregrinante nesta terra, a Igreja encontrou a figura da mulher que cultuamos com milhares de nomes, como a Virgem Maria, a Mãe de Deus, a Mãe de Jesus, a Mãe de Cristo e a Mãe da Humanidade, a Maria da fé dos povos de diferentes culturas, de distintas sensibilidades e tradições religiosas.

---

* Pós-doutora em Teologia Sistemático-Pastoral na Gregoriana de Roma. Atualmente, é professora de Teologia Sistemático-Pastoral da PUC-Rio, de Mariologia no Instituto Franciscano de Petrópolis e professora convidada pela Pontifícia Facoltá Antonianum de Roma. Foi membro integrante da Equipe Teológica da CRB Nacional por cerca de treze anos, colabora com revistas nacionais e internacionais e é membro de conselhos e associações científicas dentro e fora do país. O título que mais a honra é o de ter sido missionária no Acre, onde gastou toda a sua juventude, e nos morros do Rio, onde trabalhou com menores infratores, ajudou nas fundações da África.

Mas aquilo que é narrado pelos quatro Evangelhos e sistematizado pela doutrina de Paulo e outros autores sagrados, que não é o momento de citá-los aqui, nos fala da Mãe de Deus e da Humanidade, que é a Nossa Senhora que conhecemos e em quem nos inspiramos, nos fala de um jeito que nenhuma das mulheres já brevemente citadas é excluída na prática de Jesus que prega o Reino de Deus. A mulher Maria de Nazaré vive sua fé de mulher judia como todas as mulheres de seu tempo e convive com elas a partir de seu cotidiano e de sua missão naquela realidade e naquele contexto.

O Concílio ecumênico Vaticano II, pela primeira vez em toda a história da Igreja, dedicou a Maria um capítulo inteiro da constituição da Igreja *Lumen Gentium* (*LG*). O capítulo VIII da *LG* é colocado como coroamento da caminhada do povo peregrino que se direciona, na fé, na esperança e no amor, à Casa do Pai em seu mistério. Por duas vezes apenas cita a palavra mulher. Na primeira, quando coloca Maria como a figura da mulher, Mãe do Redentor, na linhagem das mulheres da inteira história da salvação que espera a realização da promessa. Maria é a mulher da plenitude dos tempos que inaugura a nova economia com seu *sim* que nos abre o mistério da Encarnação (n. 55). E na segunda vez Maria é citada como mulher que avançou em peregrinação de fé, chegando ao pé da cruz, quando o próprio filho entrega sua Mãe como último "testamento" de sua vida terrena ao discípulo amado, com estas palavras: "Mulher, eis aí teu filho" (Jo 19,26-27). Nesse sentido, Maria, como mulher, supera a realidade de ser mulher histórica para abrir-se à dimensão universal de ser a mulher da fé, a mulher da esperança e a mulher do amor de mãe que se abre à dimensão universal da humanidade.

Dez anos após o grande Concílio do Espírito que varreu da Igreja o mofo que a habitava, Paulo VI, em sua exortação apostólica sobre o culto à bem-aventurada Virgem Maria, a *Marialis Cultus*, nos fala da importância de Maria como mulher, quando dá algumas orientações de ordem antropológica diante das múltiplas questões levantadas pelas descobertas das ciências do comportamento e das hodiernas concepções das ciências humanas em que a humanidade do nosso tempo vive e trabalha.

O objetivo de tal exortação era e continua sendo o de evitar o estreitamento dos horizontes quando se fala de Maria como a mulher. Esta se encontra nos traços e na figura da mulher que luta por uma participação igualitária em todas as dimensões da vida. A esse respeito a exortação apostólica de Paulo VI se pronuncia com palavras inspiradoras ao se referir à inculturação da mulher Maria de Nazaré nos dias de hoje:

A Virgem Maria foi sempre proposta pela Igreja à inspiração dos fiéis, não exatamente pelo tipo de vida que ela levou ou, menos ainda, por causa do ambiente sociocultural em que se desenrolou a sua existência, hoje superado quase por toda a parte. Mas sim porque, nas condições concretas de sua vida, ela aderiu total e responsavelmente à vontade de Deus (cf. Lc 1,38); porque soube acolher a sua palavra e pô-la em prática; porque a sua ação foi animada pela caridade e pelo espírito de serviço; e porque foi a primeira e fiel discípula de Cristo, que, naturalmente, tem um valor exemplar, universal e permanente. (*MC*, n. 35)

Percebe-se, claramente, que a *Marialis Cultus*, ao constatar a condição da mulher na longa história da salvação, não se liga aos esquemas representativos das várias épocas culturais nem às particulares concepções antropológicas que as caracterizam. Paulo VI propõe Maria, de modo especial a mulher do *Magnificat*, como ícone para a mulher contemporânea que busca uma figura de uma Maria evangélica e profética, corajosa e branda, a mulher dos nossos dias que busca em Maria a mulher da condição feminina que responde ao projeto divino à altura de como foi convocada a ser na história da salvação.

Se Maria, como mulher, for vista e percebida a partir desse horizonte, não só a mulher dos nossos dias, mas toda a humanidade *olhará* para Maria de Nazaré como aquela que deu seu consentimento, não para solucionar um problema contingente, mas para a *obra dos séculos*, como foi designada com justiça a Encarnação do Verbo; *dar-se-á conta* de que o fato de ter sido virgem e mãe, isto é, ter aceitado o estado virginal em que viveu, não foi um ato de fechamento aos valores do estado matrimonial, mas constitui uma opção corajosa de total consagração à obra divina; *verificará* que Maria, longe de ser uma mulher, passivamente, submissa ou de uma fé religiosa alienante, foi, antes de tudo, uma mulher que não duvidou em afirmar que Deus é o vingador dos humildes e dos oprimidos e derruba os poderosos e as poderosas do mundo de seus tronos; a mulher de hoje *reconhecerá* a primeira entre os humildes e os pobres do Senhor, uma mulher forte que conheceu de perto a pobreza e o sofrimento, a fuga e o exílio, situações que exigem energias libertadoras de toda a pessoa e da sociedade inteira; *descobrirá* a mulher que favoreceu a fé da comunidade apostólica em Cristo (cf. At 1,12-14) e cuja função materna se dilatou de tal forma, vindo a assumir no Calvário dimensões universais (cf. *MC*, n. 37).

O *Documento de Puebla* (*DP*) diz que Maria, a mulher, é uma garantia para a nossa grandeza de mulheres que somos, ela mostra a forma específica do ser mulher, com a vocação a que o Senhor nos chamou, que é, a de sermos a alma,[1] em seu sentido pleno e histórico, a de sermos dedicação que espiritualiza a carne e que encarne o espírito (n. 299), não só no tempo cronológico do hoje que vivemos e construímos, mas encarna, nos sinais e nos fatos da história humana, a direção da nossa missão para a vida plena em Deus Pai/Mãe, que vive e atua em Comunidade de Amor.

Essa marca já é proposta por Paulo VI, exatamente dez anos após o Concílio Vaticano II. E o *Documento de Puebla* fala da força histórica, religiosa e espiritual dessa mulher. Assim se expressa o *Documento* em seu primeiro capítulo, que fundamenta o conteúdo da evangelização na América Latina e no Caribe e, ao mesmo tempo, orienta a prática de uma pastoral encarnada e viva, ao falar do serviço de comunhão que cria a nova evangelização, a nova Igreja com a presença sacramental dessa mulher, Maria de Nazaré. "Deus se fez carne por meio de Maria, começou a fazer parte de um povo, constituiu o centro da história. Ela é o ponto de união entre o céu e a terra. Sem Maria *des*-encarna-se o Evangelho, desfigura-se e transforma-se em ideologia, em racionalismo espiritualista" (*DP*, n. 301).

A instrução de 1988 da Congregação da Educação Católica, assinada pelo então Cardeal William Baum, não só orienta como pede com insistência o conhecimento do tratado sobre Maria, como a mulher que constitui um dado

---

[1] A palavra, nesse contexto, significa princípio de vida e vem carregada de uma força que se manifesta nos sentimentos humanos, na evocação do afeto profundo e na própria essência do ser humano como princípio de unidade e movimento para fora e para dentro.

essencial da fé e da vida da Igreja, na formação intelectual e espiritual de todos, sobretudo aos que se dedicam à investigação do dado da fé, à teologia. Ao falar da riqueza da doutrina mariológica, essa instrução retoma as orientações e os conteúdos teológicos, desde os inícios da Igreja nascente, passando pelo Concílio ecumênico Vaticano II, enfatiza o desenvolvimento mariológico do pós-Concílio, citando as publicações do Magistério, tais como a exortação apostólica *Marialis Cultus*, de Paulo VI, e a encíclica *Redemptoris Mater*, de João Paulo II.

Essa instrução conclui afirmando a contribuição da mariologia no estudo da teologia que deve orientar a prática pastoral que se expressa, sobretudo, na piedade mariana dos nossos povos. Não só, mas enfatiza que a aquisição de uma sólida e exata espiritualidade mariana é aspecto essencial da espiritualidade cristã, tanto do presbiterato como do laicato cristão.

O *Documento de Aparecida* é claro ao afirmar que a espiritualidade dos nossos povos é marcada por ser cristocêntrica, trinitária e mariana (n. 240).

Este é o transfundo a partir do qual fazemos nossa teologia na perspectiva mariológica, na ótica da mulher que se deixa interpelar pela Palavra de Deus. A mulher de todos os tempos se sente sempre chamada a assumir e realizar o projeto do Pai, que enviou seu Filho para salvar a humanidade, pois toda mulher que vai a Jesus não será rejeitada. Tomando a inspiração do capítulo seis do Evangelho joanino, podemos afirmar com João: "Todo aquele que o Pai me der virá a mim, e quem vem a mim – isto é, quem crê em Jesus – eu não o rejeitarei" (Jo 6,37). Como vimos, Jesus nunca rejeitou mulher alguma que foi a ele.

A mulher no Novo Testamento: em alguns episódios da pregação de Jesus

Em seus primeiros capítulos, Mateus, ao falar da crise pela qual José passou, quando pensou na decisão de repudiar Maria por se encontrar grávida de um pai que ele ignorava, chama Maria de mulher por duas vezes. Na primeira vez, parece ser bastante imperativo ao dizer: "José, filho de Davi, não temas receber Maria, tua mulher, pois o que nela foi gerado vem do Espírito Santo" (Mt 1,20.24). Na segunda vez, a modo de narrativa, o autor sagrado fala da abertura e da interpretação que José faz do sonho que teve e comenta dizendo que não deve temer em receber Maria como sua mulher e recebê-la em sua casa. E assim procedeu.

Chamar Maria com o nome de *mulher*, nessa reflexão, não é um nome só dado a ela, mas a todas as mulheres da terra. Quanto ao mistério do Reino dos Céus, expressão própria da comunidade de Mateus ao falar do mistério que habita toda mulher, por ocasião do nascimento do predecessor de Jesus, João Batista, a comunidade mateana exalta a missão da mulher ao afirmar que, dentre os nascidos de mulher, o Batista é o maior, deixando claro que o Reino dos Céus, porém, é maior do que ele, pois o Reino transcende, inteiramente, todos os nascidos de mulher (cf. Mt 11,11). Se Maria de Nazaré é mulher como todas, o Reino pregado por Jesus transcende a própria mãe, pois ela é mulher como todas. Fazemos tal constatação ao evocar aqui os relatos que encontramos nos quatro Evangelhos, quando se fala da família de Jesus, de seus parentes, de sua própria terra natal e da vida de pregação pública de Jesus, marcada pelos seus gestos e por sinais de vida.

Em tal contexto, Jesus se refere à mulher na figura da parábola do fermento. A mulher é apresentada como força de inovação e sabedoria prática, através das quais o Reino que Jesus prega se entrelaça com o trabalho da mulher que faz pão para o sustento da família. No começo, o fermento é pequeno e quase insignificante, mas depois se alarga e tem rápido desenvolvimento. Toda a massa é levedada (cf. Mt 13,33).

O mesmo se dá com a mulher que perdeu a moeda de valor e ao encontrá-la chama suas comadres e vizinhas para se alegrarem com ela, pois o Reino de Deus é realização, é aumento de vida como o fermento, é alegria como as mulheres que festejam a moeda encontrada. Na mulher, tudo é participação e comunhão de vida.

Levando em conta Jesus em suas andanças, vamos encontrar a mulher cananeia, a mulher que ultrapassa os limites geográficos da crença da fé judaica e da cultura que dá rosto próprio a cada povo ou grupo humano que seja. Essa mulher é uma verdadeira alegoria da vida em abundância e de partilha de um bem fundamental da vida humana, a saúde. Ela fala alto, faz barulho, vem de um território nada considerado pela cultura e pela religião judaicas, pois ela vem coberta de idolatria e de paganismo. É uma mulher que tem a coragem de enfrentar a dureza de um diálogo prolongado com Jesus, mas consegue dobrá-lo, à escuta atenta e misericordiosa de seu ser mulher.

Jesus acaba louvando-a pela sua fé e exalta a obstinação própria de quem sabe o que quer e onde quer chegar. É a perseverança da fé e a firme e sutil personalidade dessa mulher que arranca de Jesus a determinação que lhe diz: "Mulher, grande é a tua fé, seja feito como queres!" (Mc 7,24ss).

Sempre no contexto da pregação do Reino feita por Jesus, encontramos o gesto ousado e público da mulher que sofre de hemorragia menstrual, a hemorroíssa (cf. Mt 9,18-26). É a mulher da clandestinidade, vai além da legalidade, faz o papel de "penetra" porque se aproxima de Jesus num momento em que muitas pessoas acorrem ao mesmo tempo a ele. Essa mulher apresenta-se sozinha, ninguém a acompanha, e ela tem consciência de como está sendo vista e tratada por todos os que estavam aí: uma pessoa "impura" que a lei exclui por ser "impura". Mas Jesus une-se ao seu desejo de vida e reúne esta mulher à coletividade que o cercava e a trata com a mesma consideração dada a todos os que o solicitam naquele momento.

Essa mulher sai da exclusão social e religiosa em que se encontra, não só, mas sai da exclusão econômica também, pois havia gasto todos os seus bens para curar-se e foi tudo em vão. Presume-se que nem podia contar com outros recursos materiais. A cura é atribuída à sua persistência e à sua fé: "Ânimo, minha filha, a tua fé te salvou!" (Mt 9,22). O encontro dessa mulher com a cura é fruto de sua invisibilidade, da sua clandestinidade e de seu silêncio cheio de fé, três pequenas coisas que roçam, que tocam o manto do Messias de leve e guardam, dentro de si, poderes do mistério de ser mulher.

Ao considerar esses e outros pequenos gestos feitos por Jesus, somos levados a pensar que tais gestos são verdadeiros "sinais" que apontam o verdadeiro lugar que a mulher ocupa na história da salvação. Eles não só revelam o que é considerado "marginal" da vida humana que se faz mistério do Filho de Deus, mas ressaltam muito mais a importância que o Senhor dá a esses pequenos gestos.

Um momento inédito em que a mulher aparece com sua intuição e que classificamos ou chamamos de pré-sentimento é o episódio peculiar do Evangelho de Lucas que narra o episódio da pecadora (cf. Lc 7,36-50), que não é a mulher da unção de Betânia narrada por Mateus nem a Maria citada por João. O autor aqui não dá um nome específico a essa mulher, ela é simplesmente conhecida como "a pecadora". O texto repete a palavra mulher por seis vezes e sempre com relação à pessoa de Jesus, o convidado do fariseu.

O gesto dessa mulher evoca o futuro próximo de Jesus, que sobe a Jerusalém para entregar-se. Evoca também o gesto de Jesus na última ceia com seus apóstolos: cinge-se com uma toalha e lava os pés de cada um. Para a pecadora, aproximar-se dos pés de Jesus passa a ser uma atitude não só de serviço e humildade, mas também de indignidade, pois essa mulher não se sente digna de tocar o Mestre, segundo o pensar cultural em que vive, mas, não obstante isso, sente-se acolhida.

Esta mulher não lava os pés com água, mas unge-os com perfume, não os enxuga com uma toalha, mas com seus cabelos. Gestos nobres e dignos para com a pessoa que ela ama. Tudo indica que a mulher está dando um testemunho profético, pois ela parece antecipar e lembrar ao dono da casa e aos convivas o que acontecerá com Jesus depois desse encontro. Ressalta-se, aqui, a intuição que caracteriza a mulher no ver e no sentir as coisas antes que elas aconteçam.

Através desses gestos ela se encontra com o perdão que necessitava e lhe dava a paz que tanto buscava. Ela substitui o dono da casa, que se mostra insuficiente no acolhimento e na hospitalidade dispensados a Jesus, tradições tão observadas pelos fariseus. É uma mulher, simplesmente mulher, mas cheia de fé, de intuição que irrompe da graça, é ela que faz ritos de hospitalidade ditados pelo seu coração amante e sugeridos pela felicidade que experimenta ao encontrar-se consigo mesma, no perdão, por ter amado, profundamente, e de forma autêntica, como pessoa humana e do jeito que ela era.

Jesus acolhe os gestos da mulher pecadora com suas necessidades, sentimentos e memória, próprios da mulher. Faz dessas realidades ordinárias da vida um modo de trazer a presença do Pai, que, discretamente, torna possível a realização de seu projeto salvífico, também nas coisas do dia a dia e através das mulheres.

Retomando um outro episódio do mesmo Lucas, encontramos outra mulher que se encontra à porta do templo porque não pode entrar e fazer sua oração como todas as outras mulheres e homens. É a mulher que nasceu recurvada (cf. Lc 13,11-17). Essa mulher nada pede a Jesus. É ele quem se aproxima dela para tirar-lhe o estigma que a excluía do lugar sagrado, que, para o judeu, ter contato com o Templo de Jerusalém significava observar, rigidamente, sérias prescrições ditadas pela Torá. Essa filha de Abraão, isto é, filha da herança desse povo fiel a Javé, tem o direito de ser incluída, junto com todos os outros que aí se encontram, no templo sagrado e de viver a Lei que foi dada para todo o povo, não para estar fora do templo, mas dentro dele e da sua sacralidade.

Para chegar a essa inclusão, Jesus não olha para o templo nem para o tempo, considerado, segundo a religião judaica, sagrado. O sagrado foi feito para servir à pessoa humana necessitada e não para submeter essa pessoa ao que a Lei determina ser lugar sagrado. O sábado foi feito para o homem e não o homem para o sábado (cf. Lc 13,16). Essa filha de Abraão lembra a dignidade humana e o direito, ela pertence à nação eleita, à descendência davídica. Ela não é apenas uma descendente, mas é da descendência messiânica, e é incluída no Templo de Javé com toda a sua corporeidade, mesmo com seus limites. O que se percebe claramente é que a plenitude e o cumprimento da Lei passam até mesmo pela transgressão daquilo que a Lei ordena para que haja misericórdia, inclusão, vida, não sacrifício e exclusão, processo esse que passa, portanto, também pela mulher.

No capítulo oito do mesmo Lucas, damos de frente com a companhia feminina de Jesus (cf. Lc 8,1-3). Várias mulheres o seguem e o servem com seus bens, que não são só os bens materiais, mas os bens de ser mulher, pois é próprio da mulher zelar pela vida que nos chega como dimensão totalizante da unidade humana que nasce, se desenvolve e se realiza, segundo o desígnio do Deus uno e trino. Ainda, é próprio da mulher estar em companhia e abrir-se, generosamente, à solicitude do outro e da outra, sem exceções, numa palavra, é próprio da mulher o servir como Jesus nos deixou o exemplo acabado com sua obra coroada na última ceia.

Passando para o Evangelho joanino, encontramos dois textos que falam da Mãe de Jesus como a mulher da fé. No primeiro texto, Maria intervém na vida pública de Jesus, no episódio das bodas de Caná, e no segundo texto é Jesus que intervém para falar com sua mãe e o "discípulo amado", quando esses estão ao pé da cruz de Jesus. Nas bodas de Caná, Maria recebe de seu filho o título de mulher para demonstrar--lhe a grande reverência que ele tem por ela e dando-lhe a conhecer sua dignidade e seu lugar na história da salvação que ele veio plenificar, como projeto do Pai. Nesse projeto, Maria está intimamente ligada com o filho que a trata por mulher por ser a Mãe da Nova Humanidade.

Supera-se, assim, a relação do plano familiar para abrir os horizontes do plano sobrenatural da relação divina que todo o ser humano tem dentro de si. O fundamento desta afirmação pode ser encontrado no próprio João em seu *prólogo*, quando se refere às pessoas que acolhem, no Espírito, a Palavra como semente, afirmando que essas pessoas superaram os laços do sangue, a vontade da carne e a vontade do ser humano, porque foram geradas de Deus (cf. Jo 1,12-13).

Ao pé da cruz, Maria está junto com outras três mulheres que seguiam a Jesus antes da sua morte e o grande amigo de Jesus, que o evangelista João chama de "discípulo amado". Deduzimos que seja João, mas não está escrito. Contudo, sabe-se que Jesus e João, o evangelista, cultivavam profunda amizade entre si.

Ao escrever esses dois momentos da vida de Jesus, João utiliza um modo de falar analógico, figurativo, que chamamos de linguagem simbólica, um jeito de falar que faz uso do símbolo para dizer a realidade que quer expressar. Mas ele sempre supera essa realidade e vai além dela. O evangelista utiliza a linguagem simbólica para nos explicar que o fato histórico tem um sentido mais profundo e alto do que aquilo que a gente vê e constata com nossos sentidos.

Jesus, vendo Jesus sua mãe e o "discípulo amado" ao pé de sua cruz, disse à mãe: "Mulher, eis teu filho!". Depois disse ao discípulo: "'Eis tua mãe!'. E a partir dessa hora, o discípulo a recebeu em sua casa" (Jo 19,26-27). A tradição da fé e os estudiosos explicam que Maria e João não são pessoas individuais, mas são personalidades que representam a nova humanidade que somos todos e todas nós, o Novo Israel que vive sua fé em comunidade e segue os ensinamentos deixados por Jesus no Evangelho, instituindo, assim, a Igreja de Jesus Cristo.

Com isso Jesus quer revelar ao Povo de Israel que com sua mãe, que ele chama de "Mulher!", nasce a Nova Aliança que se manifesta na maternidade espiritual de Maria. Como membro da Igreja que nasce ao pé da cruz de Jesus, Maria gera filhos na ordem da graça trazida por Jesus com sua doação, aponta para ele como o Cristo da glória e ajuda na caminhada de fé de todos os seguidores e seguidoras de Jesus. Com razão afirmava Paulo VI: "Maria é a mulher que favorece a fé da comunidade apostólica em Cristo e sua maternidade se dilatou, vindo a assumir no Calvário dimensões universais" (*Marialis Cultus*, n. 37).

João obedece à palavra de Jesus e acolhe Maria, a mulher, em sua casa, pode-se dizer que recebe Maria em sua fé. Agora, a verdadeira casa de Maria é o coração de cada discípulo amado, isto é, de cada um e de cada uma de nós. No Evangelho de João, Maria supera a realidade da Maria histórica de Marcos, de Mateus e de Lucas que conhecemos. Ela não é apenas uma pessoa individual, mas uma personalidade que representa um povo que vem de milênios, buscando compreender os sinais de Deus na história e observar seus mandamentos. O evangelista deixa de lado até o nome familiar tanto da *mulher* Maria como o nome *João*, para concentrar-se sobre o profundo significado revelador que Jesus, do alto da cruz, faz à sua mãe e ao "discípulo amado", incluindo, nessas duas pessoas, toda a humanidade. Entregando sua mãe à humanidade, como seu último ato nesta terra, Jesus realiza plenamente a obra da redenção.

Ao pé da cruz forma-se a primeira comunidade de fé. Encontra-se aqui o pequeno rebanho de Jesus, a Igreja nascente. Maria nos foi entregue como um tesouro precioso a ser cuidado, uma herança a ser valorizada. Maria, portanto, faz parte da nossa identidade cristã. Por isso também Maria pertence ao patrimônio dos bens espirituais que Jesus Cristo confiou a todas as pessoas que o seguem.

A reflexão teológica feminina aqui não fica longe de pensar que é a partir do altar que a melhor comida que plenifica o desejo insaciável do ser humano em sua caminhada pelos atalhos, estradas e asfaltos deste mundo é o corpo e o sangue de Jesus, que se fazem comida e bebida de vida eterna para toda a humanidade. Quando sentamos à mesa da nossa família, da nossa comunidade de fé ou da nossa casa, quem nos precede no serviço da mesa, diria com certa ousadia, é sempre a mulher, a mulher do povo.

Por esta sua vocação, ela se apresenta como a mulher da "primeira hora": prepara o corpo de Jesus levado à sepultura e o encontra na primeira hora do mistério da sua ressurreição, que ninguém viu, mas o Ressuscitado foi visto e tocado. O Ressuscitado dialoga com a mulher e se interessa pelo estado de espírito em que cada uma se encontra.

Abrimos um parêntese neste ponto para esclarecer o seguinte: as quatro narrativas que contam o encontro do Ressuscitado com as mulheres se contradizem entre si, o que nos leva a dizer que não é nosso intento entrar nessa complexa interpretação, agora, mas antes encontrar um modo de exprimir a nossa fé de mulheres, relendo e *re*-interpretando aquilo que recebemos com o objetivo de aprofundar e descobrir mais ainda a mensagem que a Palavra do Senhor nos quer comunicar e praticá-la como mulheres chamadas a unir sempre mais os filhos e as filhas de Deus dispersos (cf. Jo 20,11-18).

Essas mesmas mulheres, e provavelmente outras, estavam presentes na sua morte de cruz, e o encontro do Ressuscitado com elas se dá porque o conheceram antes de sua paixão e morte. Essas mulheres entram em cena e esse encontro com o Cristo Glorioso se dá por terem sido fiéis companheiras e discípulas do Mestre reconhecido como Filho de Deus durante sua vida de pregação terrena.

A aparente debilidade apresentada por elas, o seu olhar a distância, a consternação que as envolve, levam-nas a fazer memória das palavras ouvidas do Mestre quando pregava. O encontro do Ressuscitado com essas mulheres se dá, justamente, pelas palavras que ouviram de Jesus, palavras fundadoras da confiança e da fé dessas mulheres.

Com Maria Madalena o encontro se dá pelo rito de uma nova relação entre Jesus e toda a humanidade. Quando o Ressuscitado diz "Não me toques, porque ainda não subi para o meu Pai e vosso Pai (Jo 20,1-18)", inicia-se com essa mulher a nova relação de Jesus Ressuscitado com cada um e cada uma de nós: é a relação que não mais precisa do toque humano, mas sim da fé que irrompe da experiência pascal e que a envia para o anúncio dessa experiência com rosto humano e feminino, lugar de primeira instância da fé como acontecimento que ultrapassa a instituição. Chamamos a essa narrativa de fé, de mandato indicativo que o Ressuscitado dá às mulheres na manhã da ressurreição. Para maiores detalhes, leiam minha tese de pós-doutorado, *Espírito e missão na obra de Lucas. Atos para uma teologia do Espírito*, publicada por Paulinas.

Cabe-nos falar, agora, como a mulher de todos os tempos, que constitui a grande metade de toda a humanidade, sobretudo aquela que seguiu Jesus, com quem teve tantos e variados contatos, antes e depois de seu Mistério Pascal, como a mulher, Maria de Nazaré, mais conhecida como Nossa Senhora, está presente na prática e no pensar teológico dos nossos dias.

A mulher, Maria de Nazaré, na prática e no pensar teológico de hoje

Considerações de entrada

O modo como Jesus tratou as mulheres e com este nome as chamou, *mulher*, modo já apresentado brevemente, nos dá a entender que ele rompeu com a sua própria tradição religiosa. Em Jesus encontramos o frescor originário da sensibilidade, a abertura e a capacidade de amar e perdoar, a coragem de manifestar sua ternura à moda de mulher e a ousadia de deixar-se seguir não só por homens, os discípulos que o texto sagrado afirma, explicitamente, mas de aceitar com a mesma atenção dada a eles a presença das mulheres que o seguiam por aldeias e vilas enquanto pregava. A mulher não assustou Jesus, por isso, no ícone de Maria de Nazaré e na mulher his-

MARIA NO CORAÇÃO DA IGREJA

tórica do Novo Testamento, encontram-se traços de todas as "Marias" do nosso tempo presente.

Maria, a mulher, está cada vez mais entrando no pensar teológico da fé cristã e sempre mais tomando seu devido lugar na história da salvação, da qual participa de maneira eminente, por ser a Mãe do Salvador, que tomou a nossa condição humana em tudo, menos no pecado, mas se fez pecado para que entrássemos na salvação do projeto do Pai.

Maria, a mulher Mãe do Verbo, da Igreja e do júbilo na *Verbum Domini*

Na exortação apostólica pós-sinodal *Verbum Domini*, sobre a Palavra de Deus na vida e na missão da Igreja, o atual Papa exorta os teólogos e teólogas a aprofundarem a relação entre Sagrada Escritura, Teologia e Mariologia. Em síntese, o Papa pede que estudiosos e estudiosas que fazem teologia tenham como ponto fundamental de sua investigação a Sagrada Escritura, para fazer boa Teologia, e conheçam a Mariologia. Três coisas que podem não agradar a todos os acadêmicos e acadêmicas que se dedicam à pesquisa da ciência sagrada, que é a Teologia. Mas já o *Documento de Aparecida* afirma que a espiritualidade dos nossos povos deve ser trinitária, cristocêntrica e mariana (*DAp*, n. 240).

Em tal contexto, o pontífice dedica três longos parágrafos a Maria de Nazaré: primeiro, como a mulher que responde ao Deus que fala à humanidade pela Palavra da Sagrada Escritura e da Tradição, no parágrafo 27, que traz como título *Mater Verbi Dei* e *Mater fidei*.

56

Em segundo lugar, Maria é a mulher que realiza a Palavra de Deus na sua vida e na vida eclesial – parágrafo 88 –, porque sabe amalgamar-se com esta Palavra, processo da fé popular que a qualifica como oração mariana, práticas que dão o que pensar e refletir para teólogos e teólogas, os quais, na sua maioria ou quase todos, veem nas práticas da fé dos nossos povos uma atitude apenas "piedosa".

Por fim, no último parágrafo, o 124, parágrafo que conclui a exortação do Papa a todas e a todos nós, Maria é apresentada como a mulher Mãe da Palavra – *Mater Verbi* – e por isso é também a mãe do júbilo, da alegria, a *Mater laetitiae*, pois a alegria recebida da Palavra se estende a todas as pessoas que se deixam moldar por esta Palavra.

Maria, a mulher que encarna a Palavra

No parágrafo 27 da exortação citada, Maria é colocada como a mulher que dá uma resposta ao Deus que lhe fala, mas dialoga com ele, pois, é apresentada como interlocutora do Pai em seu projeto de enviar o Verbo ao mundo para salvar a todos e a todas. O documento pós-sinodal olha para Maria como a pessoa que estabelece uma reciprocidade[2] única com a Palavra de Deus – *Mater Verbi Dei* – encontra nela a figura[3] de criatura perfeita, na fé obediente, desde a Anunciação ao

---

[2] Troca entre duas pessoas que supõe a confiança entre ambos os lados, em pé de igualdade – criatura-Criador –, processo no qual se vive a sintonia, a harmonia e a correspondência dos afetos, dos sentimentos e a evocação do Transcendente Único.

[3] Falar de Maria como figura é aproximá-la do símbolo que mostra a realidade divina, mas que a supera ao mesmo tempo pela sua importância religiosa ou de fé cristã. Maria, no contexto da *Verbum Domini*, é figura de proa e de valor, evoca os afetos, as emoções que dão ao pensamento e à fé, energia, vivacidade, graça e beleza.

Pentecostes – a Igreja nascente –, perseverando junto com os apóstolos à espera do Espírito Santo (cf. At 1,12-14). Ela cooperou com o nascimento da Igreja missionária, imprimindo-lhe um selo mariano que a identifica, profundamente, com a Igreja – *Mater fidei* - (*Verbum Domini* e cf. *DAp*, n. 267).

No contexto desta reflexão, a teologia encontra em Maria a mulher que leva a humanidade toda a Cristo, conduz ao Pai todas as pessoas que se encontram com o Ressuscitado e abre as portas ao Espírito Santo que habita em todos os fiéis que confessam que Jesus Cristo é o Senhor da Vida. Nesse sentido, temos presente e atuante a própria Trindade Santa, que une e reúne todos os filhos e filhas numa mesma Família, que é a Igreja, a qual nasce da experiência do nosso encontro com o Ressuscitado. Maria fez esta experiência não só no dia de Pentecostes, junto com os apóstolos e as outras mulheres com quem andava, mas presume-se que Maria não estivesse ausente no grupo das mulheres na manhã da ressurreição. Essa realidade simbólica evoca o princípio mariano da Igreja, que é o melhor remédio para uma Igreja-instituição, meramente funcional ou burocrática (*DAp*, n. 268).

Maria é, portanto, a mulher da sintonia porque se encontra em estado de correspondência com o Deus trinitário, o qual vai-se revelando, continuamente, no meio de seu povo, e esta mulher entra no processo da revelação que Deus faz a seu povo, pois ela é uma mulher do povo. Maria sintoniza com essa revelação, afina-se na interpretação dela e se entrosa muito bem com esse povo que, continuamente, recebe os recados de seu Deus através de sinais que se vão ajustando às necessidades e ao louvor que esse povo quer tributar a Deus Pai, a Deus Filho e a Deus Espírito Santo. Maria é a mulher do acordo mútuo, da reciprocidade e da síntese expressa no cântico do *Magnificat*, no qual Maria dá graças pela realização da promessa.

Maria, a mulher do Mistério da Encarnação

No parágrafo 88 da *Verbum Domini*, o que impressiona mais é o tratamento concedido à devoção mariana que a exortação faz. A *propositio 55* dos padres sinodais apresenta a recitação do Rosário, do *Angelus Domini* e das antigas orações do Oriente, como expressões significativas (= fortes) da Escritura referentes à história da salvação, aos mistérios de Cristo, com ênfase específica ao Mistério da Encarnação. Cabe ressaltar a referência que a exortação faz à *Theotókos* – Mãe de Deus – cantada no hino *Akathistos*, uma das mais altas expressões da piedade mariana da tradição bizantina.

Tudo indica que os padres participantes do Sínodo de 2008 sobre a Palavra de Deus, realizado em Roma, mostraram a preocupação pastoral de colocar a mulher, Maria de Nazaré, como figura de proa e de valor no anúncio e no aprofundamento da Palavra da Sagrada Escritura, para responder ao desafio da devoção mariana presente nos fiéis, de modo especial na religiosidade popular. Esta foi tratada de maneira inédita em nossa tradição continental de Conferências Episcopais. No *Documento de Aparecida*, a religiosidade popular, incluída a devoção mariana do nosso povo, é abordada, explicitamente, em um dos seus mais belos textos, realçando a fé do povo simples como grande riqueza do nosso continente. Tanto que, no parágrafo 258 do *Documento de Aparecida*, este fala da piedade popular como lugar de encontro com

Jesus Cristo, apresenta-a como precioso tesouro da América Latina que deve ser promovido e protegido.

A *Verbum Domini* destaca, ainda, que em Maria encontramos a grande realização da existência cristã: Maria é a mulher que sempre está em atitude de escuta da Palavra divina, a qual transforma, e se torna arquétipo da fé da Igreja. Pois Maria guardava no coração todos os acontecimentos que ultrapassavam a sua capacidade de compreensão e de interpretação, compondo-os num único mosaico para esculpir, acertar e amoldar a própria caminhada terrena, segundo a vontade de seu Senhor (*VD*, n. 27).

Maria, a mulher da *laetitiae*, a mulher do júbilo

Finalmente, no parágrafo 124 da *Verbum Domini*, encontramos a relação de três elementos teológicos aplicados a Maria, elementos que têm grande alcance para a fé mariológica dos nossos povos. O primeiro deles é o da mulher da fé, aquela que acredita e que, acreditando, se torna a Mãe do Verbo, dando-lhe de sua própria carne, de seu próprio sangue e sua própria índole. Essa relação íntima de Maria com a Palavra é apresentada, de modo especial, no Evangelho de Lucas, como mistério de escuta e de júbilo, com estas palavras: "Felizes antes os que escutam a Palavra de Deus e a põem em prática" (Lc 11,28).

O segundo elemento está intimamente relacionado com o primeiro, é o da mulher da *laetitiae* (= feliz), a mulher do júbilo que se estende a todos os homens e mulheres que se deixam transformar pela Palavra de Deus, mesmo a quantos se afastaram da fé que irrompe da Palavra ou que nunca auscultaram o anúncio de uma Palavra tão forte como é a Palavra de Deus, que se faz ouvir até os confins da terra (cf. At 1,8).

O terceiro elemento não poderia ser outro senão o escatológico, ou melhor, o elemento que nos fala do Eterno, o qual coroa a caminhada terrena da humanidade toda: o Eterno é o encontro da pessoa humana com o inefável Mistério do Deus uno e trino, mais que a passagem escatológica que nos acompanha e nos está sempre diante da existência limitada e infinita ao mesmo tempo: Maria é a mulher-Mãe do Verbo de Deus feito carne e carne de Maria-mulher. Cristo, o Eterno da vida humana de todos os mortais e de toda a criação, é o Verbo do Pai feito carne de Maria, que está no início e no fim de tudo, e nele todas as coisas subsistem.

É interessante constatar que a mulher da fé, a mulher do Mistério da Encarnação e a mulher da *laetitiae,* do júbilo, a mulher feliz, coroa, festivamente, a exortação pós-sinodal, apresentando-a como a mulher da esperança que entra no esplêndido diálogo nupcial com que se encerra a Sagrada Escritura, interpretada e vivida sob a luz do Espírito que nos impulsiona: O Verbo de Deus, concebido pela fé de Maria, nos diz: "Eu sou o Alfa e o Ômega, o Primeiro e o Último, o Princípio e o Fim [...] O Espírito e a Esposa dizem: 'Vem!'. E nós que escutamos e praticamos a Palavra de Deus encarnada também dizemos com força: 'Vem, Senhor Jesus! *Maranatha!'*" (Ap 13.17.20).

Por isso, Maria, você que é mulher como nós somos, queremos nos juntar a todas as mulheres do nosso planeta

Terra, a todos os homens, para abraçarmo-nos e enternecer-mo-nos contigo, por teres encarnado a Palavra que se fez carne e nos fez participar da dimensão universal da mulher de todos os tempos! Maria de Nazaré! Amém!

Referências

BENTO XVI. *Verbum Domini.* Disponível em: <http://www.vatican.va/holy_father/benedict_xvi/apost_exhortations/documents/hf_ben-xvi_exh_20100930_verbum-domini_po.html>.

BOFF, Cl. *Maria na cultura brasileira. Aparecida, Iemanjá, Nossa Senhora da Libertação.* Petrópolis: Vozes, 1995.

_____. *Mariologia social. O significado da Virgem na sociedade.* São Paulo: Paulus, 2006.

_____. *Introdução à Mariologia.* Petrópolis: Vozes, 2004.

BOFF, Leonardo. *A ave-maria. O feminino e o Espírito Santo.* Petrópolis: Vozes, 1980.

_____. *O rosto materno de Deus. Ensaio interdisciplinar sobre o feminino e as suas formas religiosas.* Petrópolis: Vozes, 1979.

BOFF, Lina. A misericórdia divina em Maria de Nazaré. *Convergência* 276 (out. 1994) 502-506.

_____. *Con María hacia el tercer milenio.* México: Centro Mariano de Difusión Cultural, 1999.

_____. Dal Magníficat ai piedi della Croce. In: *Accoglienza ispirata a Maria.* Atti del IX Convegno della Famiglia Servitana. Québec, 1993.

_____. *De Trinitatis Mysterio et Maria.* Acta Congressus. Citta del Vaticano, 2000.

_____. *Espírito e missão na obra de Lucas-Atos para uma teologia do Espírito.* São Paulo: Paulinas, 1996.

_____. *Filha predileta do Pai*. Conferência proferida em Loja-Equador, maio 2010.

_____. Memoria e profezia. *Atti del III Convegno*, Rovigo, p. 110-125, sett. 1995.

_____. *Maria, a* mulher inserida no mistério de Cristo. *Atualidade Teológica* 3 (jul./dez. 1998) 25-40.

_____. *Maria e a mulher latino-americana*. Conferência em preparação à V CELAM, Belém, 8 mar. 2007.

_____. *Maria e o feminino de Deus*. São Paulo: Paulus, 2004.

_____. Maria e os pobres de Javé. *Convergência* 310 (1998) 107-115.

_____. *Maria na vida do povo. Ensaios de mariologia latino-americana e caribenha*. São Paulo: Paulus, 2005.

_____. *"Marialis Cultus" em linguagem popular*. São Paulo: Santuário, 2003.

_____. *Mariologia. Interpelações para a vida e para a fé*. Petrópolis: Vozes, 2007.

_____. O advento e a pessoa de Maria. *Convergência* 313 (1999).

_____. *Porque o povo coroa Maria*. São Paulo: Salesiana, 2005.

_____ et al. *Maria e a Trindade*. São Paulo: Paulus, 2006.

BRUNELLI, D. *O sonho de tantas Marias*. Rio de Janeiro: CRB, 1992.

CELAM. *Documento de Aparecida*. São Paulo: CNBB/Paulus/Paulinas, 2007. Maria, discípula e missionária.

COMPÊNDIO DO VATICANO II. Constituições, decretos, declarações. Petrópolis: Vozes, 1985. *Lumen Gentium*, cap. VIII.

DE LA POTTERIE, J. *Maria en el mistério de la Alianza*. Madrid: BAC, 1963.

DOCUMENTO DE PUEBLA. São Paulo: Loyola, 1979. Maria, Mãe e modelo da Igreja.

FIORES, S. de. *Maria nella teologia contemporânea*. Roma: Centro di Cultura Mariana, 1991.

FRANCE, Quéré. *Le donne nel Vangelo*. Milano: Rusconi, 1983.

GALOT, G. *Maria, la donna nell'opera della salvezza*. Roma: Gregoriana, 1991.

GRUPO DE DOMBES. *Maria nel disegno di Dio e nella comunione dei santi*. Comunita di Bose: Qiqajon, 1998.

INSTRUÇÃO DA Congregação para a Educação Católica. Revista *SEDOC: Serviço de Documentação da Vozes*, 26 jun. 1988.

JOÃO PAULO II. *Redemptoris Mater*. Disponível em: <http://www.vatican.va/holy_father/john_paul_ii/encyclicals/documents/hf_jp-ii_enc_25031987_redemptoris-mater_po.html>.

LAURENTIN, R. *La Vergine Maria*. Roma: Paoline, 1970.

MESTERS, C. *Maria, Mãe de Jesus*. Petrópolis: Vozes, 1993.

MURAD, A. *Toda de Deus e tão humana*. Valencia/São Paulo: Siquem/Paulinas, 2004.

NAVARRO, Mercedez. Nascido de mujer. *Ephemerides Mariologicae*, oct./dic., 1997.

PAULO VI. *Marialis Cultus*. Disponível em: <http://www.vatican.va/holy_father/paul_vi/apost_exhortations/documents/hf_p-vi_exh_19740202_marialis-cultus_po.html>.

RATZINGER, J. *Maria Chiesa Nascente*. Milano: San Paolo, 1997.

Perfil de Maria nos textos bíblicos

*Maristela Tezza**

Quando falamos do perfil de Maria nos textos bíblicos, precisamos lembrar que esses textos foram escritos a partir da realidade das comunidades e que o objetivo de fazer memória, no caso dos Evangelhos, era "testemunhar a respeito da origem, missão e atuação de Jesus enquanto Messias, Emanuel, filho de Deus, que vem realizar as promessas de Deus" (Richter Reimer, 2003, v. 46, p. 36). Personagens, cenas e narrativas são lembradas, descritas, mencionadas na medida em que ajudam a garantir o objetivo: falar da prática de Jesus (Koester, 2005, p. 65-69). Assim, os textos citam "Maria sob a perspectiva da *maternidade* em relação a Jesus" (Richter Reimer, 2003, v. 46, p. 36) – Maria não é o agente principal das citações. Neste período, a Mariologia ainda não se tinha expandido.

---

[*] Possui graduação em Filosofia pelo Centro Universitário Assunção (UniFAI) (2004), graduação em Teologia pelo Instituto Teológico São Paulo (ITESP) (1998) e mestrado em Ciências da Religião pela Universidade Católica de Goiás (PUC Goiás) (2006). Atualmente, é coordenadora do Instituto de Teologia da Região Sé (ITELSÉ), assessora de cursos bíblicos. Faz parte do grupo de oficineiras do Centro de Referência da Mulher Vítima de Violência da Casa Viviane, em Guaianases, São Paulo. Tem experiência na área de teologia, com ênfase em teologia bíblica, teologia e gênero, relações de gênero.

É importante ressaltar, ainda, que, quando lemos a memória de Maria nos textos bíblicos, nosso olhar busca confirmações de abordagens teológicas posteriores (os dogmas), e assim nos bloqueamos para perceber a dinâmica do texto, o seu desenvolvimento (Vasconcellos, 1997, p. 30). Esse olhar muitas vezes dificulta o aprofundamento do texto a partir de sua memória originária.

Em nossa pesquisa, procuramos depreender a memória primeira acerca de Maria, aproximando-nos das comunidades daquela época e reconhecendo a polissemia dos textos. Não discutiremos a questão dos dogmas, pois eles são posteriores. Nosso interesse é explicitar a possibilidade de leituras plurais decorrentes da diversidade de comunidades.

Perfil...

As menções a Maria no texto bíblico são muito reduzidas. Em algumas, ela nem aparece citada pelo próprio nome, como é o caso da Carta de Paulo aos Gálatas, dos Evangelhos de Marcos e de João (nas bodas de Caná). Maria tem mais expressão nas narrativas de infância dos Evangelhos de Mateus e Lucas. No entanto, embora seja mencionada pelos narradores dessas obras, ela mesma fala muito pouco: em Lucas, quatro vezes (1,26-38.46-55; 2,41-52); em Marcos e Mateus, nenhuma vez. Em Lc 2,41-52 e Jo 2,1-12 são as únicas vezes em que ela fala diretamente com Jesus.

Assim, confirmamos o que foi dito a propósito de que os textos não a têm como personagem principal, mas sim Jesus, seu filho, e sua prática.

Primeira citação...

A primeira referência a Maria aparece na Carta de Paulo aos Gálatas: "Mas, vindo a plenitude dos tempos, Deus enviou seu Filho, nascido de mulher, nascido sob a lei" (4,4).

O versículo não nos dá muita informação sobre Maria. Paulo deixa claro que Jesus vem de uma mulher, comprovando a origem judaica de Jesus como ser humano (Brown, 2005, p. 620).

Jesus aparece em relação à sua mãe; em nenhum momento Paulo cita o pai. Essa primeira citação não nos dá muitas informações.

Marcos

O Evangelho de Marcos, escrito pelos anos 70 d.C., entre a região da Galileia e o sul da Síria (Myers, 1992), menciona Maria duas vezes: 3,31-35 e 6,3-4. Nesses textos, Maria aparece como aquela que gesta e dá à luz Jesus.

Para entendermos melhor Mc 3,31-35, precisamos ler o texto anterior, Mc 3,20-21. Em Mc 3,20-21, diz-se que Jesus volta para sua casa junto com *hoi par'autou*, "da parte dele, seus enviados, os que pertencem a ele". Essa expressão não significa necessariamente a sua família de sangue: trata-se de uma pertença por escolha, não por vínculos de sangue. "Quando os textos querem falar explicitamente de 'parentes', usam o termo *syngenés* e derivados, como é o caso em Mc 6,4; Lc 1,58; 2,44; 14,12; Jo 18,26; no caso de 'família', a língua grega usa o termo *oikos* (Mt 10,6; 15,24; Lc 1,27; 10,5) e derivados" (Richter Reimer, 2003, p. 38).

67

Em Mc 3,21, o termo *kratein* é geralmente traduzido por "prender", mas também pode significar: "alcançar, manter, tomar pela mão, abraçar, guardar/proteger, prender". Em Marcos, o termo *kratein* aparece quatorze vezes: 6,17; 12,12; 14,1.44.46.49; 7,3.4.8; 1,31; 5,41; 9,27; 14,51; 3,21. Trata-se de um termo polissêmico, portanto não devemos reduzi-lo a uma única leitura ou interpretação.

Assim, não podemos dizer automaticamente que "os seus" representam sua família de sangue nem que estão em oposição à missão de Jesus. Eles podem muito bem tê-lo detido porque estava cansado, confuso, atordoado com a multidão.

Em Mc 3,31-35, há duas cenas. Na primeira, a mãe e os irmãos de Jesus se aproximam da casa onde Jesus está e mandam chamá-lo. Não há evidências de oposição entre os familiares e a multidão. O que aparenta é que ele mora em outra casa, e sua mãe e irmãos e irmãs vão até ele e querem vê-lo. A família de Jesus é apresentada pela liderança de Maria, sua mãe, não pelo pai, José.

Na segunda cena, Jesus reage ao pedido de sua mãe e irmãos. Em sua resposta, Jesus apresenta outra interpretação para laços de família. Naquela época, as famílias estavam ligadas pelo vínculo de sangue e ao *patria potestas* ("poder do pai"). Para Jesus, o vínculo se dá em "fazer a vontade de Deus", isto é, construir novas relações em um espaço muitas vezes marcado pela violência e dominação. Jesus está na casa com os seus, e Maria e os irmãos dele estão fora. A oposição se dá entre os que estão dentro do projeto de Jesus, e *re*-significam os laços de pertença, e os que estão fora, seguindo os padrões da sociedade e da religião da época. A possibilidade dessa interpretação apoia-se também em Lc 1,38, em que Maria é apresentada como aquela que faz a vontade de Deus. Nesse sentido, podemos afirmar que não há oposição entre Maria e os irmãos e irmãs de Jesus e o discipulado de Jesus.

Em Mc 6,3-4, aparecem novamente a mãe e os irmãos e irmãs de Jesus. Jesus é o carpinteiro – *hó tékton* –, filho de Maria e irmão de Tiago, José, Judas e Simão. Os irmãos de Jesus aparecem citados pelo nome; suas irmãs são mencionadas, mas não constam seus nomes. Nesse texto, o ensinamento e a prática de Jesus causam admiração/polêmica; sua família é citada como prova de sua origem insignificante, sem *status* ou prestígio. Marcos sempre menciona Jesus com referência à mãe, mas não faz nenhuma referência a José. Lc 4,16-30, ao contrário, menciona José e deixa fora Maria e seus irmãos e irmãs.

Desse modo, o que o Evangelho de Marcos afirma sobre Maria é sua maternidade em relação a Jesus. Curiosamente, ignora-se a figura do pai, cuja menção seria esperada numa família/sociedade patriarcal. Ela não aparece sozinha com Jesus, mas sempre acompanhada dos irmãos/irmãs de Jesus. Nesse caso, evidencia-se um contraste entre essa família de Jesus, representada por sua mãe e irmãos(ãs), e outra família de Jesus, representada por aqueles que fazem a vontade de Deus. Não nos parece que o objetivo da narrativa seja estabelecer uma oposição em si entre a família originária de Jesus e sua missão, mas *re*-significar as relações e vínculos familiares e sociais: afirmar a igualdade e superar a hierarquia dominadora entre pai/esposo/senhor *x* mãe/esposa/filhos/escravos.

As narrativas da infância...

As narrativas de infância aparecem em Mateus e Lucas, comunidades que escreveram suas memórias a partir dos anos 80/85 d.C., fora da Palestina, provavelmente em Éfeso/Ásia Menor e Antioquia/Síria. A realidade dessas comunidades e os acontecimentos após a Guerra Judaica (66-70 d.C.) exigiram uma composição diferenciada da memória em relação às anteriores, feitas por Paulo e Marcos. Por isso, as narrativas da infância são "consideradas um esforço posterior na reflexão das comunidades cristãs em suas origens" (Pereira, p. 137).

Não temos como comprovar que Mateus e Lucas possuíssem uma fonte comum sobre esses relatos, pois percebemos que "as narrativas da infância representam uma combinação de *diferentes* narrativas e tradições pré-evangélicas" (Brown, 2005, p. 623). E a seleção do material e a forma como essas comunidades organizaram suas memórias foram decorrência das necessidades diante da realidade em que viviam: comunidades fora da Palestina que precisam se afirmar como comunidades seguidoras de Jesus num contexto de segunda geração com problemas políticos e teológicos.

Na região da Ásia Menor, as comunidades cristãs enfrentavam, por um lado, um forte desafio diante da cultura religiosa do Império Romano, especialmente a grande popularidade dos cultos às deusas e virgens (Nogueira, 1998, p. 122-141; Stroher, 2003, p. 59-66). Por outro lado, a origem de Jesus era uma contradição dentro das tradições da Bíblia hebraica. Assim,

> seria possível entender as narrativas da infância como alternativas de respostas a estes desafios. O resgate das tradições da infância parece ser fundamental para a afirmação cristológica, o que exige que se leiam

estas narrativas não como mera introdução cronológica, mas sim como afirmação de conteúdos e métodos vitais para a compreensão e definição de uma identidade e subjetividade cristã (Pereira, p. 138)

Os dois Evangelhos (Mateus e Lucas) falam de gravidezes sagradas e crianças salvadoras, dentro de um imaginário religioso marcado pelas deusas-virgens-mães e dentro da lógica do monoteísmo patriarcal judaico. Não temos até o momento nenhum indício claro de uma narrativa de concepção virginal nos textos extrabíblicos, ou seja, nas outras religiões, e também não temos algo concreto na literatura do judaísmo (Brown, 2005, p. 626).

Mateus

Em Mateus, temos a referência a Maria na genealogia 1,1-16; no nascimento 1,18-25; na visita dos reis magos 2,11; na fuga para o Egito 2,13-15; no retorno para Israel 2,20-21; e com os irmãos e irmãs de 12,46-50 e 13,55.

Aprofundaremos as narrativas da genealogia e do nascimento. No relato dos reis magos (2,1-12), ela é apenas citada no v. 11 (Maria, sua mãe). Na fuga para o Egito, ela é levada por José (2,13-14.20-21). Maria não atua nessas cenas. A função dessas memórias seria garantir o cumprimento das profecias: Mq 5,2; Os 11,1; Jr 31,15; Is 7,14.

Genealogia: Mt 1,1-16

A genealogia como gênero literário serve para apresentar e legitimar pessoas importantes e sua pertença a determinado grupo. No nosso caso, legitimar Jesus e vinculá-lo a Abraão e

71

Davi. A comunidade faz um *midrash* das tradições da Bíblia hebraica a partir de Jesus: "[...] tratar-se-ia de uma leitura de atualização 'na fé, de hermenêutica'" (Pereira, p. 78). Lucas também apresenta a genealogia de Jesus (Lc 3,23-38), porém de forma diferente.

As genealogias na Bíblia, quase todas, possuem uma linhagem patriarcal – é o pai que garante a legitimidade e a descendência. A comunidade de Mateus elabora uma genealogia com mulheres e a partir de contravenções. Assim, torna-se instrumento de resistência e organização de pessoas e grupos geralmente excluídos pelas genealogias oficiais.

Maria, na genealogia mateana, aparece junto com Tamar (Gn 38), Raabe (Js 2;6), Rute (Rt) e Batseba (2Sm 11). "Prostitutas, adúlteras, mentirosas, estrangeiras, sedutoras..., salvadoras delas mesmas e dos seus, elas são apresentadas como ponto de encontro do mais antigo com o mais novo em Maria, Mãe de Jesus" (Pereira, p. 75). Isso significa que essas mulheres não foram escolhidas aleatoriamente e que precisam ser visitadas e entendidas a partir de e com Maria. Pois a comunidade poderia ter citado outras mulheres que servem de referência para a tradição judaica, como Sara, Rebeca, Raquel, exemplos da manifestação e intervenção de Deus, porém sem nada de escandaloso.

Todas as mulheres na genealogia de Mateus foram marginalizadas e injustiçadas pelo mundo masculino. Elas são infratoras em situação sexual imprópria. Mas sua presença na genealogia de Jesus permite-nos reconhecer uma denúncia contra o esquema de salvação centrado exclusivamente na figura masculina do *go'el* (o resgatador) (Pereira, p. 88). Jesus vem "de"

Maria, diz sua genealogia, o que significa dizer que se rompe com a casa patriarcal. É a mãe que garante a vida desse menino.

José e o anjo: Mt 1,18-25

O texto aponta para uma situação de irregularidade de Maria e nos convida a olhar outras questões subjacentes: "[...] a suspeita de traição, uma gravidez fora e de fora do casamento, o controle do corpo e da sexualidade de outra pessoa, o pai que é desafiado a assumir um filho que não é seu, a mãe que certamente teve que dar contas de sua conduta sexual..." (Vasconcellos, 1997, p. 30).

Na Bíblia hebraica, notamos que o relato de nascimento de criança faz parte das estruturas narrativas que apresentam pessoas relevantes da história do povo de Israel, como Isaac, Sansão, Samuel, entre outros. Em quase todos esses relatos a ação humana é colocada de lado, pois é a ação divina que possibilita o nascimento. Por outro lado, as histórias apresentam impossibilidades da parte das mulheres como esterilidade ou velhice (Gn 17-18/Sara-Isaac; Jz 13/Sansão; 1Sm 1/Ana-Samuel). Mas em nosso caso nenhum desses dados é apresentado. Maria tem todas as potencialidades para gerar. O problema é que ela gera um filho fora do casamento. Então, precisamos ler nosso texto, quem sabe, como "uma proposta de revisão de padrões e práticas, na medida em que se propõe uma compreensão do messias e do messianismo a partir dos meios marginalizados e excluídos" (Vasconcellos, 1997, p. 34).

Maria era prometida em casamento a José. Tanto Mateus quanto Lc 1,27; 2,5 usam o verbo *mnesteuein* na voz passiva, "estar prometida, noiva", para designar o relacionamento entre José e Maria. Eles poderiam estar na etapa intermediária do casamento.

O ritual de casamento consistia em dois passos: a troca formal de consentimento entre testemunhas (Ml 2,14) e o ato de levar a noiva para a casa da família do noivo (Mt 25,1-13). O termo casamento é mais aplicado no primeiro passo, quando se dão as questões legais. O consentimento era celebrado quando a menina tinha 12 a 13 anos, dando ao marido direitos sobre a jovem, porém ela continuava morando com os pais por mais um ano antes de ir conviver definitivamente com seu marido. Neste estágio, a jovem já era considerada esposa, e qualquer transgressão aos direitos do marido era punida como adultério (Brown, 2005, p. 146-147).

Este versículo apresenta as circunstâncias em que aconteceu a gravidez de Maria.

Antes de passarem a conviver. Este seria o segundo passo do casamento. O termo *synerchesthai* pode ser entendido como "habitação comum, relações matrimoniais e constituição de uma família"; as relações sexuais não são automaticamente subtendidas, mas é um sentido bastante comum (Brown, 2005, p. 147).

Ela foi encontrada grávida. Antes que os dois coabitassem, isto é, consumassem o casamento. O verbo "encontrar" (*eurisko*) está na voz passiva – foi encontrada (*eurethe*) –, o que aponta para uma situação conhecida por outras pessoas: provavelmente, sua gravidez já era de conhecimento público e ela se encontrava numa situação constrangedora. A seguir, porém, vem a explicação acerca da gravidez.

Pela ação do Espírito Santo. Em uma primeira leitura, imaginamos que isto significa que o Espírito teria agido no lugar do pai. O texto, porém, não nos permite concluir assim porque, na Bíblia hebraica, há diferentes sentidos para a "ação do Espírito": ação de Deus criando vida no útero (Jó 33,4; Sl 104,30; Is 11,1; 42,1; 49,1; 61,1; Jr 1,5), força pela qual Deus moveu os profetas a falar (Mt 22,43), princípio animador (Mt 3,16). Em nosso texto, a ação do Espírito aponta para o tipo de messianismo apresentado por Jesus e em Jesus. Não para a paternidade em sentido biológico.

José seu esposo sendo justo. José é apresentado como homem "justo", em grego *dikaios*. Essa palavra é muito querida por Mateus; ocorre dezenove vezes em seu Evangelho. Reagindo à gravidez de Maria, o "justo" José deve agir estritamente de acordo com o que a Lei propõe – no caso, em relação a divórcio e adultério.

Denunciá-la publicamente. A palavra *deigmatizein* "tem a conotação de excreção pública e era usada, até no grego secular, para designar adúlteras condenadas" (Brown, 2005, p. 152). Portanto, Maria é apresentada na mesma situação das mulheres que apareceram na genealogia, infratoras dos padrões sexuais vigentes.

Ela não fala nem se manifesta, mas sua situação será resolvida entre homens e pelos homens. José está cumprindo a Lei, e a Lei coloca Maria na situação de repúdio, marginalização e exclusão. Isso era cumprir a justiça. A questão, portanto, é definir o que é justiça, tema caro para a comunidade de Mateus (5,3-10; 20,1-15; 27,19) e exposto de modo especial em 5,17-20, onde Jesus é apresentado como o que veio dar *pleno cumprimento à Lei*, apresentando a nova justiça (5,20–6,18). José poderia repudiar Maria em silêncio, conforme a Lei em Nm 5,11-31, mas isso não evitaria que a comunidade viesse a saber, se de fato já não o sabia, e aplicasse a Lei – apenas prorrogaria a sentença. Ou seja, o que ele estava fazendo era um repúdio.

Para José poder agir com justiça, segundo a comunidade seguidora de Jesus, ele precisaria ir além da Lei, e somente um anjo do Senhor poderia apontar o caminho.

Eis que o anjo do Senhor manifestou-se a ele em sonhos. A intervenção de anjos representa rumo novo na história, nas situações (Gn 16,7; Jz 13,3.9). As figuras angelicais aparecem de modo especial na literatura apocalíptica, pois elas trazem uma interpretação e uma compreensão da realidade que, inicialmente, parecia sem sentido, sem rumo e sem perspectivas. É o caso de José: se ele gostava de Maria e desejava ficar com ela, teria de violar a Lei. O anjo aparece *kat' onar* – "em sonho": tal expressão aparece três vezes na narrativa da infância de Mateus (1,20; 2,13.19); duas vezes em 2,12.22 e em 27,19.

Não tenhas receio de receber Maria como tua mulher. Esta é uma afirmação muito diferente do que a Lei prescrevia e diferente do que José pretendia fazer. O verbo *me phobethes* pode ter o sentido de "não recue de medo". "A ordem para a transgressão vem dos céus, dá-se em sonhos; só daí se poderia esperar tal subversão" (Vasconcellos, 1997, p. 40).

O que foi gerado vem do Espírito Santo. Gennethen, "gerado", relaciona-se com Mt 1,1.18, "vem de um espírito santo". É o Espírito que autoriza o nascimento dessa criança, ela é querida por Deus, precisa ser acolhida, cuidada. A vida dessa criança trará mais novidades do que sua origem está mostrando.

O anjo continua sua fala, e a vinda de Jesus confirma as profecias, de modo especial as de Isaías. A comunidade apresenta o seu *midrash* de Is 7,14. Vejamos como isso ocorreu comparando as traduções a partir do texto em hebraico, da *LXX* e de Mateus:

> *Is 7,14* hebraico massorético: por isso dará Adonai, ele mesmo, para vós um sinal: eis que a jovem (*'almâh*) concebeu e dará à luz um filho, e ela chamará o nome a ele Emanuel.

> *Is 7,14 LXX*: por isso dará o Senhor mesmo um sinal: eis que a virgem (*parthenos*) conceberá e dará à luz um filho e chamarás o nome dele Emanuel.

> *Mt 1,23*: Eis que a virgem (*parthenos*) conceberá e dará à luz um filho e o chamarão com o nome de Emanuel.

Nas três memórias encontramos mudanças significativas. O termo do hebraico que é *jovem* a *LXX* traduz por *virgem*; no hebraico todos os verbos estão no presente, na *LXX* estão no futuro; no hebraico é a jovem que dará nome a criança, na *LXX* é o pai – Acaz.

O termo virgem, em grego, vem de *parthenos*, palavra que usualmente traduz o hebraico *bétula*, "que em geral significa virgem, mas ambas não são clinicamente exatas a ponto de necessariamente significar *virgo intacta*" (Brown, 2005, p. 176).

Enquanto jovem, em hebraico *'almah,* é usado para "designar a mulher, e normalmente descreve a jovem que chegou à puberdade e é, por isso, casadoura. Não enfatiza a virgindade. Este termo é usado somente 9 vezes no AT e não enfatiza a virgindade (Ct 6,8; Pr 30,19)" (Brown, 2005, p. 176).

Mateus utiliza o texto da *LXX*, porém o modifica quanto à nomeação da criança: não será nem um tu (ele ou ela), mas um eles coletivo é que dará o nome ao menino – *chamarão*. A citação de Isaías nesse momento do texto "cumpre a função

MARIA NO CORAÇÃO DA IGREJA

de legitimação, no sentido estrito da palavra: assim como a ação de José deverá legitimar sua mulher e o filho dela perante a sociedade patriarcal e as leis vigentes, o texto de Isaías os legitima teologicamente... 'Deus no meio de nós'!" (Vasconcellos, 1997, p. 44). Segundo Brown (2005, p. 177), o sinal oferecido por Isaías não estaria enfatizando a forma como o menino seria concebido, mas a escolha de um momento providencial/oportuno da história, no qual o menino seria o sinal da presença de Deus no meio do povo, o Emanuel.

Lucas

Em Lucas, Maria aparece na anunciação (1,26-38); na visita a Isabel (1,39-45); entoando o *Magnificat* (1,46.56); no recenseamento, junto com José (2,4-7); no nascimento de Jesus (2,16.19); na visita dos pastores (2,27); no templo e diante de Simeão (2,33-34); na peregrinação a Jerusalém (2,41.48.51); junto com os irmãos de Jesus (8,19-21); na bendição de uma mulher (11,27); e no meio dos primeiros seguidores em Jerusalém (At 1,14). Maria aparece em quase todas as cenas como sujeito de ações e decisões. José não aparece nas cenas da anunciação nem na visita a Isabel.

Anunciação: Lc 1,26-38

A anunciação do nascimento de Jesus vem interligada ao anúncio do nascimento de João Batista (1,1-25). São duas histórias "plenas da salvação de Deus" (Richter Reimer, 2003, p. 37), com grande correspondência com a história de Ana, mãe de Samuel. No entanto, Maria se diferencia das outras mães de Israel (Gn 16-21/Sara; Gn 25,21/Rebeca; Gn 30,1.14-17/Raquel; 1Sm1,9-16/Ana; Jz 13,2/Mãe de Sansão), uma vez que não pede a gravidez, nem apresenta nenhuma impossibilidade para a mesma.

Citando Isaías (7,14), a comunidade de Lucas confirma o cumprimento das profecias, a expectativa messiânica. Mas o nome da criança, que era um título simbólico – Deus Conosco –, torna-se um nome próprio – Jesus. Para comprovar que as profecias se concretizam em Jesus, a comunidade lucana organiza a sua narrativa fazendo um *midrash* das memórias da Bíblia hebraica:

1. O nascimento e a apresentação de Jesus no templo, bem como de João Batista, são tirados de 1Sm 1,1–4,1a.

2. No *Magnificat*, Maria é apresentada como Ana, embora não peça um filho, conforme 1Sm 2,1-10.11.

3. No anúncio, há textos de Sf 3,14-17.

Sf 3,14-17 *LXX*	Lc 1,28-33
Lança gritos de alegria, Filha de Sião, solta vozes de Júbilo, Israel (filha de Jerusalém *LXX*), Alegra-te e regozija-te de todo o coração, filha de Jerusalém.	Alegra-te, ó agraciada!
O rei de Israel, Javé, está no meio de ti, não temas...	O Senhor está contigo
Não temas, Sião, não se debilitem suas mãos Javé, teu Deus, está no meio de ti, um Forte que salva!	Não temas, Maria
	Eis que conceberás em teu ventre, e darás à luz um filho, e chamarás seu nome Jesus
O rei de Israel, Javé, está no meio de ti	Reinará sobre a casa de Jacó...

Lucas apresenta Maria como a nova "Filha de Sião". E relendo textos do Êxodo e outros, apresenta Maria como Nova Arca/Tenda da Aliança:

Ex 40,34-35 *LXX*	1Rs 8,10-11	Lc 1,35
Cobriu – *ekálypsen* a nuvem a tenda da reunião, e da Glória do Senhor se encheu – *eplêsthê* a tenda. Não podia Moisés entrar na tenda do Testemunho, porque sobre ela cobria com sua sombra – *epeskíanzen* a nuvem, e da glória do Senhor se encheu – *eplêsthê* a tenda.	...a nuvem encheu – *éplêsen* a Casa, e não podiam os sacerdotes permanecer de pé para fazer a liturgia por causa da nuvem, porque havia enchido – *éplêsen* a Casa a glória do Senhor.	O Espírito Santo sobrevirá sobre ti, e a força do Altíssímo te cobrirá com sua sombra – *episkiásei soi;* por isso também o nascido será chamado Santo, Filho de Deus.

A *LXX* introduziu o verbo *episkiázô* "cobrir com a sombra", e Lucas usou o mesmo verbo para falar de Maria. Contudo, o Espírito "vem sobre Maria" e não "entra em Maria". Por que isso é importante? Na tradição bíblica, existem duas representações sobre a *rûah* ou Espírito/Força de Javé: este Espírito/força é enviado "sobre" um profeta ou outra pessoa como força que guia, orienta e impulsiona (1Sm 16,13; Is 61,1), ou é posto em alguém, e significa limpeza, transformação, renovação (Ez 36,26-27, 37,5-6.9-10). Lucas irá utilizar a primeira representação (Croatto, 2003, p. 29). Com esse sentido temos outros textos em Lucas paralelos a Maria 1,35 (Maria); 3,22 (Batismo de Jesus) e 9,28-36 (transfiguração).

Maria é apresentada também como a "nova Arca da Aliança", pois carrega em seu seio o Santo, o Filho de Deus

(Lc 1,3b/Ex 40,3.21.49). Podemos notar que a cena da visita de Maria a Isabel se assemelha muito com 2Sm 6,2-15, em que Davi faz a transladação da Arca para Jerusalém.

Descerá sobre ti. O verbo *eperchesthai* aparece sete vezes na obra de Lucas, sendo que uma delas em At 1,8, na confirmação de Pentecostes (At 1,8/Is 32,15; 1Sm 16,13).

Maria é apresentada como participante do processo da nova criação: o Espírito – *ruah*, que pairava sobre as águas originais (Gn 1,2), vem sobre ela e o poder do Altíssimo – *Elohim/hypsistos* (na *LXX*) a envolve numa sombra/nuvem (Ex 40,35). Os dois verbos que acompanham o Espírito e o termo *hypsistos* apontam para o poder criador de Deus. O que acontecerá sobre a sombra não é dito, mas tudo o que acontecer será reconhecido como santo.

Assim, a história de Maria torna-se um diferencial dentro da tradição judaica e das mitologias greco-romanas. Ela seria a Nova Sião portadora da nova Arca da Aliança, manifestando a intervenção de Deus na história. E essa manifestação se daria pela ação e vida de seu filho – Jesus. A ênfase não estaria na concepção virginal nem no Espírito como pai biológico da criança, e sim na contradição apresentada por Deus em sua manifestação. Maria representa a primeira quebra de padrões que Deus legitima e seu filho, a segunda proposta contra a teologia e as estruturas sociais vigentes na época. No entanto, a partir de interpretações posteriores, essa contradição perdeu muito de seu sentido mais original e passou a ser referência para outras perspectivas teológicas, perdendo o texto a sua força inovadora.

Visita a Isabel: Lc 1,39-45

Maria vai visitar sua prima Isabel, também grávida. Sair às pressas, ir para as montanhas, região afastada, gravidez fora da lei... podem ser motivos suficientes para se buscar refúgio longe, na casa de Isabel. Isabel saúda e abençoa Maria, prática comum no Judaísmo e sinal de legitimação, aceitação vinda dos mais velhos. Além da bênção, ela a recebe com uma bem-aventurança, o que faz parte da tradição profética. O termo *makarioi*, utilizado pela comunidade de Lucas no ambiente greco-romano, significava a "boa sorte que pertencia somente aos deuses", só eles eram verdadeiramente bem-aventurados (Barclay, p. 10).

Magnificat: Lc 1,46-55

Maria faz suas as palavras de Ana (1Sm 2,1-10). No v. 48, a frase "olhou para a humilhação de sua serva" – *tapéinosis* é a descrição da sua situação – humilhação. A humilhação pode ser fruto de situações de discriminação, pobreza, tabus. Deus a enaltece a partir de baixo: aquela que não era passa a ser lembrada de geração em geração.

Simeão: Lc 2,34-35

Simeão fala a Maria sobre suas dores: "[...] uma espada traspassará tua alma!". A profecia de Simeão encerra as narrativas de infância de Jesus.

Perda e encontro de Jesus em Jerusalém: Lc 2,41-52

Nesta cena temos novamente *syngeneis* "parentes próximos", e Maria e José procuram Jesus. Ele está com 12 anos, o que representa maioridade. Somente nesta cena Maria fala diretamente com Jesus: "[...] criança, por que fizeste assim, conosco? Veja, o teu pai e eu, sentindo dor, te procuramos" (2,48).

Bênção à maternidade: Lc 11,27-28

Esta memória só aparece em Lucas e apresenta um apotegma, ou seja, um curto diálogo em que o mestre dá a última palavra. Pode ser uma memória das bênçãos de Jacó em Gn 49,25, texto que possui muitos paralelos na literatura hebraica.

João

No Evangelho de João, Maria aparece duas vezes (2,1-12 e 19,25-27), porém seu nome não é citado; ela é chamada apenas de "mãe" e, depois, de "mulher".

Bodas: Jo 2,1-12

"O princípio dos sinais anuncia a substituição da antiga aliança, fundada pela lei mosaica, pela nova, fundada no amor leal, cujo símbolo é o vinho dado por Jesus" (Barreto; Mateos, 1999, p. 136). Maria estaria representando a antiga aliança, o Israel fiel, aberto ao dom de Deus, pois ela aparece não com o seu nome, Maria, mas sim com o título "Mãe de Jesus", e depois é chamada de "mulher", o que pode ser intencional (Léon-Dufour, p. 174). A mulher pode ser uma referência a Sião/Israel/Jerusalém (Is 49,20-22; 54,1; 66,7-11; Jo 16,21). Nesse caso, Maria "personifica a Sião messiânica que reúne os filhos a seu redor por ocasião do fim dos tempos" (Léon-Dufour, p. 175).

No diálogo entre Maria e Jesus, teríamos o povo de Israel, que confessa sua aflição diante das expectativas escatológicas da vinda do Messias. A penúria em que se encontrava a filha de Sião é representada pela falta de vinho.

Quando Maria pede aos criados que façam tudo o que ele disser, utiliza a mesma expressão que aparece na boca do faraó (Gn 41,55). Nesse caso, Jesus pode ser visto como um novo José, que dá pão/vinho.

Ao pé da cruz: Jo 19,25-27

Ao pé da cruz, com o discípulo amado e outras mulheres, está a mãe. Nos Evangelhos não temos a menção da Mãe de Jesus durante sua paixão.

As duas cenas – bodas e ao pé da cruz – possuem correlação: em ambas aparece o termo "hora", "Mãe de Jesus" e "mulher".

Ao pé da cruz, o discípulo amado, que não estava nas bodas, está *parestota* – "bem perto" – da Mãe de Jesus. "A preposição *pará* incluída no verbo *parístemi* pode implicar a nuança 'acudir a alguém' (Mt 26,53; At 27,23; Rm 16,2; 2Tm 4,17)" (Léon-Dufour, p. 100).

A Mãe de Jesus representa, nesta cena, a espera secular do povo que creu na Aliança; o discípulo amado, que vivenciou a revelação, é o intérprete autorizado da plenitude recebida. "Por isso é que Jesus confia sua mãe a esse discípulo, designando-o como o filho que cuidará dela. Isso significa que ela partilhará doravante o universo espiritual que se abriu ao discípulo" (Léon-Dufour, p. 102-103). E o discípulo reconhecerá nela sua mãe – a raiz de sua fé, Israel.

O discípulo a acolhe em sua casa, "o passado de Israel (simbolizado pela Mãe de Jesus) desemboca no presente da mensagem evangélica (simbolizado pelo discípulo), no qual ele cumpre até o fim dos tempos" (Léon-Dufour, p. 106).

"Cada uma das duas mulheres representa a comunidade de uma aliança: a mãe, a da aliança antiga, o resto de Israel, a esposa fiel; Madalena, a comunidade da nova aliança... O papel da mãe, a antiga comunidade, termina na cruz; o de Madalena começa nela (20,1,11-18)" (Barreto; Mateos, 1999, p. 806).

Apocalipse

No Livro do Apocalipse não temos nenhuma menção direta a Maria. A mulher que aparece no capítulo 12 não é uma referência a Maria, mas sim à comunidade.

A polissemia das palavras e textos referentes a Maria na Bíblia é grande, fruto da diversidade das primeiras comunidades cristãs. Ainda hoje acrescentamos novas interpretações à figura de Maria, porém não podemos fazê-lo desrespeitando a cultura da época. Tal descuido pode nos levar a afirmações que nada têm a ver com os sentidos mais originais. Há de se recuperar no corpo de Maria o corpo de "crianças, pobres e pequenos como preferidos(as) de Deus. São palavras de juízo e profecia, dos poderosos derrubados de seus tronos..." (Pereira, p. 97).

Referências

BARRETO, Juan; MATEOS, Juan. *O evangelho de São João;* análise linguística e comentário exegético. São Paulo: Paulus, 1999.

BRANCHER, Mercedes. Em Maria de Nazaré, Deus se manifesta. In: VV. AA. *Maria entre as mulheres;* perspectivas de uma mariologia feminista libertadora. São Paulo/São Leopoldo: Paulus/CEBI, 2009.

BROWN, Raymond E. *O nascimento do Messias;* comentário das narrativas da infância nos evangelhos de Mateus e Lucas. São Paulo: Paulinas, 2005.

CROATTO, J. Severino. A "filha de Sião" em Lc 1-2: a *imitatio* e a interfiguralidade tipológica na narrativa lucana. *Revista de Interpretação Bíblica Latino-Americana*, Petrópolis: Vozes, n. 46, v. 3, p. 18-34, 2003.

KOESTER, Helmut. *Introdução ao Novo Testamento.* São Paulo: Paulus, 2005. v. 2: História e literatura do cristianismo primitivo.

LÉON-DUFOUR, Xavier. *Leitura do evangelho segundo João I;* palavra de Deus. São Paulo: Loyola, 1996. (Coleção Bíblica da Loyola, n. 13.)

_____. *Leitura do evangelho segundo João IV*. São Paulo: Loyola, 1998. (Coleção Bíblica da Loyola, n. 16.)

MYERS, Ched. *O evangelho de Marcos*. São Paulo: Paulinas, 1992. (Grande Comentário Bíblico.)

NOGUEIRA, Paulo. Cristianismo na Ásia Menor: um estudo comparativo das comunidades em Éfeso no final do primeiro século d.C. *Revista de Interpretação Bíblica Latino-Americana*, Petrópolis: Vozes, n. 29, p. 122-141, 1998.

PEREIRA, Nancy Cardoso. *Maria vai com as outras*; mulheres libertárias libertadoras na Bíblia. São Leopoldo: CEBI, 1997. (A Palavra na Vida, n. 114.)

_____. Uma espada atravessada no meu corpo: leituras doloridas sobre maternidade. *Revista de Interpretação Bíblica Latino--Americana*, Petrópolis: Vozes, n. 46, v. 3, p. 135-147, 2003.

_____. Maria e as outras: transgressão, práticas revolucionárias e cristologias feministas. In: VV. AA. *Maria entre as mulheres;* perspectivas de uma mariologia feminista libertadora. São Paulo/São Leopoldo: Paulus/CEBI, 2009.

PERROT, C. *As narrativas da infância de Jesus*. São Paulo: Paulus, 1982.

RICHARD, Pablo. O evangelho de Lucas: estrutura e chaves para uma interpretação global do evangelho. *Revista de Interpretação Bíblica Latino-Americana*, Petrópolis: Vozes, n. 44, v. 1, p. 7-36, 2003.

RICHTER REIMER, Ivoni. Não temais... Ide ver... E anunciai! Mulheres no Evangelho de Mateus. *Revista de Interpretação Bíblica Latino-Americana*, Petrópolis: Vozes, n. 27, p. 149-166, 1996.

_____. E a salvação se fez corpo: Lc 1–2 numa perspectiva feminista. *Revista de Interpretação Bíblica Latino-Americana*, Petrópolis: Vozes, n. 44, p. 37-59, 2003.

_____. Maria nos evangelhos sinóticos: uma história que continua sendo escrita. *Revista de Interpretação Bíblica Latino--Americana*, Petrópolis: Vozes, n. 46, v. 3, p. 35-51, 2003.

STROHER, Marga Janete. Ser mãe sem padecer no paraíso: alguns fios da trama entre as mulheres Eva, Maria e Artémis, leituras a partir de ITm 2,8-15. *Revista de Interpretação Bíblica Latino--Americana*, Petrópolis: Vozes, n. 46, v. 3, p. 59-66, 2003.

VASCONCELLOS, Pedro Lima. Uma gravidez suspeita, o messianismo e a hermenêutica: anotações sobre Mateus 1,18-25. *Revista de Interpretação Bíblica Latino-Americana*, Petrópolis: Vozes, n. 27, p. 29-47, 1997.

WEILER, Lucia. Mulher-Maria-Comunidade-Povo: a mulher no Apocalipse 12. *Revista de Interpretação Bíblica Latino-Americana*, Petrópolis: Vozes, n.. 46, v. 3, p. 69-80, 2003.

REILLY, Frank. Jane Schaberg, Raymond E. Brown, and the Problem of the Illegitimacy of Jesus. *Journal of Feminist Studies in Religion* 21/1 (2005) 57-80. Disponível em: http://muse.jhu.edu/journals/journal_of_feminist_studies_in_religion/v021/21.1reilly.html

Educar a piedade mariana

*Joaquim Fonseca**

Sem qualquer pretensão de esgotar tão instigante tema, teceremos nossa reflexão a partir de três pontos: Partindo de um rápido olhar sobre a nebulosa situação em que se encontra a devoção a Maria em nossos dias, buscaremos, num segundo momento, apresentar alguns critérios para "educar" a piedade mariana, além da apresentação da oração *Angelus Domini* tida como referência de um sadio exercício de piedade mariana. Por fim, no intuito de trazer à tona a desafiante tarefa da integração da piedade popular à liturgia, apontaremos o *Ofício da Mãe do Senhor* como um exemplo concreto desse relevante empreendimento no campo da inculturação da liturgia.

1. Um olhar sobre a "atual" piedade mariana

Ninguém duvida do profundo afeto dos cristãos católicos por Maria, a mãe do Senhor. Desde cedo, a Virgem tem

---

* Presbítero da Ordem dos Frades Menores (franciscanos), pertence à Província Santa Cruz (Minas Gerais e Sul da Bahia). É bacharel em Música e doutor em Liturgia. Foi assessor da CNBB para a música litúrgica (2003-2006) e coordenador-geral do canto e da música na V Conferência do Episcopado Latino-Americano e do Caribe, em Aparecida, em 2007. É professor de Liturgia e Arte Cristã e assessora cursos de formação litúrgico-musical em todo o País.

recebido uma especial atenção tanto na liturgia como na devoção popular. Todavia, ao longo do segundo milênio, a intensidade da relação dos "filhos" para com a Mãe chegou a ponto de transformá-la numa espécie de divindade absoluta, desvinculada do mistério de Cristo. Por mais que a reflexão teológica desencadeada pelo Concílio Vaticano II tenha atingido patamares de expressiva relevância no que tange à compreensão do lugar de Maria no mistério de Cristo e da Igreja, ainda se percebe, na prática, um sensível descompasso entre o ensinamento do Magistério da Igreja[1] e o conteúdo de recentes produções de orações e cantos. A título de exemplo, vejamos o seguinte canto mariano:

Ó, minha Senhora e também minha mãe
Eu me ofereço, inteiramente todo a vós.
E em prova da minha devoção
Eu hoje vos dou meu coração.

Consagro a vós meus olhos, meus ouvidos, minha boca.
Tudo o que sou desejo que a vós pertença.
Incomparável mãe, guardai-me e defendei-me,
Como filho e propriedade vossa. Amém.
Como filho e propriedade vossa. Amém.[2]

Neste canto, intitulado *Consagração a Nossa Senhora*, a figura de Maria é invocada na qualidade de uma deusa, dotada de dignidade e de poderes absolutos e divinos. O(a) devoto(a) se coloca diante de sua *Senhora* e nela deposita a total confiança de se tornar uma *propriedade* dela. Isso apa-

---

[1] Citando apenas dois textos que são paradigmas: *Lumen Gentium*, especialmente cap. VIII, e *Marialis Cultus*.

[2] VV. AA. *Louvemos o Senhor*. Campinas: Associação do Senhor Jesus, 2011. Canto n. 700.

rece de forma explícita nos verbos "querer", "dar", "consa-grar", "desejar", "pertencer", "guardar", "defender".

Certamente, o que nos causa maior desconforto é a ideia de *consagração* como tal. Perguntamos: podemos nos con-sagrar a algum santo? Ou ainda: os santos têm o poder de consagrar alguém? É claro que não. Quem nos escolhe e nos consagra é Deus. Vale aqui lembrar os relatos bíblicos que fa-lam de vocação como, por exemplo: Samuel,[3] Isaías,[4] Jeremias[5] etc. Para nós, cristãos, pelo sacramento do Batismo Deus nos *consagra* e nos incorpora de forma definitiva na dinâmica do Mistério Pascal de Cristo.[6] Os santos são para nós paradigmas de como devemos viver nossa *consagração* batismal. Continu-ar compondo e entoando hinos vazados de uma teologia que reforça o "maximalismo mariano"[7] denota um total distan-ciamento da reflexão teológica conciliar e pós-conciliar sobre Maria, além de dificultar o diálogo inter-religioso e ecumênico.

Pudemos ver que o canto *Consagração a Nossa Senhora* traduz o diagnóstico de algo mais profundo, ou seja: o principal pilar da mariologia inspirada no Concílio Vaticano II – sua re-lação com o mistério de Cristo e da Igreja – nem sequer foi assi-milado pela grande maioria de nosso povo. Não raro, também entre o clero e as comunidades religiosas encontramos práticas

---

[3]   Cf. 1Sm 16,1-13.

[4]   Cf. Is 6,1-8.

[5]   Cf. Jr 1,4-10.

[6]   "Vós todos que fostes batizados em Cristo, vos revestistes de Cristo" (Gl 3,27). "Vós sois a raça escolhida, o sacerdócio do reino, a nação santa, o povo que ele conquistou para proclamar as obras admiráveis daquele que vos chamou das trevas para a sua luz maravilhosa" (1Pd 2,9).

[7]   Expressão utilizada por: MURAD, Afonso. *Maria, toda de Deus e tão humana*. São Paulo: Paulinas, 2004. p. 15.

devocionais ligadas a Maria desconectadas do eixo central da fé cristã que é o Mistério Pascal de Cristo. Não obstante, acreditamos que há outra maneira de ser devoto de Maria.

> É, antes de tudo, olhar para ela com a divina simpatia de quem a mandou chamar pelo anjo de "cheia de graça!" [...]. O povo precisa ser ajudado a entender que é sua tarefa cotidiana, a toda hora, seguir Jesus, deixando-se levar pela mão desta mulher, imitando este modelo admirável de escuta e disponibilidade, de fidelidade e firmeza, de busca de Deus e de solidariedade para com o povo. E esse é o jeito "adulto" de os filhos e filhas gostarem de sua Mãe.[8]

2. Revisitando a Exortação Apostólica *Marialis Cultus*

Em sua exortação apostólica *Marialis Cultus*, o Papa Paulo VI, dentre outras coisas, nos fornece alguns critérios para uma sadia piedade mariana, além de uma referência explícita à oração *Angelus Domini*, como paradigma desta piedade popular. Vejamos a seguir.

2.1 Critérios para "educar" a piedade mariana

Os exercícios de piedade mariana não podem prescindir:

a) Do caráter trinitário do culto cristão[9]

O culto cristão é, por sua natureza, culto ao Pai por Cristo no Espírito. Na Virgem Maria, tudo é relativo a Cristo e dependente dele: foi em vista dele que Deus Pai, desde toda a

---

[8] VELOSO, R. *Ofício da Mãe do Senhor*. São Paulo: Paulus, 2001. Introdução, p. 10-11.

[9] Cf. *MC*, n. 25.

eternidade, a escolheu Mãe toda santa e a plenificou com dons do Espírito a ninguém mais concedidos. A genuína piedade cristã nunca deixou de pôr em realce a ligação indissolúvel e a essencial referência da Virgem Maria ao divino Salvador (cf. LG 66).

b) De sua relação com o mistério da Igreja[10]

É necessário que os exercícios de piedade com que os fiéis exprimem a sua veneração para com a Mãe do Senhor, manifestem de modo mais claro o lugar que ela ocupa na Igreja.

É igualmente indispensável atentar-se para os conceitos fundamentais expostos pelo Concílio Vaticano II, sobre a natureza da Igreja, "Família de Deus", "Povo de Deus", "Reino de Deus", "Corpo Místico de Cristo" (cf. *LG* n. 6, 7-8, 9-17). Isto permitirá aos fiéis reconhecerem mais prontamente qual a missão de Maria no mistério da mesma Igreja e qual seu eminente lugar na Comunhão dos Santos.

O amor pela Igreja traduzir-se-á em amor para com Maria, e vice-versa, pois uma não pode subsistir sem a outra: "Não se pode, portanto, falar da Igreja senão quando estiver aí Maria, Mãe de Senhor, com os irmãos dele" (S. Cromácio de Aquileia).

c) Da fidelidade à Sagrada Escritura[11]

Para que as fórmulas de oração e os textos destinados ao canto assumam os termos e a inspiração da Bíblia; exige-se, sobretudo, que o culto à Virgem Santíssima seja permeado pelos grandes temas da mensagem cristã, a fim de que os fiéis,

---

[10] Cf. *MC*, n. 28.

[11] Cf. *MC*, n. 29.

MARIA NO CORAÇÃO DA IGREJA

ao mesmo tempo em que veneram aquela que é a Sede da Sabedoria, sejam também eles iluminados pela luz da Palavra divina e levados a agir segundo os ditames do Verbo encarnado.

d) Da sintonia com a genuína tradição litúrgica[12]

As práticas de piedade sejam ordenadas de tal forma que sejam levados em conta os tempos do ano litúrgico, de maneira que se harmonizem com a Sagrada Liturgia, de certo modo derivem dela, e a ela, que por sua natureza lhes é muito superior, conduzam o povo cristão (cf. *SC*, n. 13).

e) Da dimensão ecumênica[13]

Em virtude de seu caráter eclesial, no culto à Virgem Maria refletem-se as preocupações da própria Igreja, entre as quais, nos nossos dias, se salienta o anseio pela recomposição da unidade dos cristãos. A piedade para com a Mãe do Senhor torna-se, deste modo, sensível aos anelos e aos escopos do movimento ecumênico, quer dizer, adquire também ela um caráter ecumênico.

> A causa da união dos cristãos é algo que faz parte da função da maternidade espiritual de Maria. Na verdade, aqueles que são de Cristo, Maria não os gerou nem poderia gerar, senão numa única fé e num mesmo amor (Leão XIII).

f) Das ciências humanas[14]

No culto à santíssima Virgem devem ser tidas em atenta consideração também as aquisições seguras e comprovadas

---

[12] Cf. *MC*, n. 31.
[13] Cf. *MC*, n. 32.
[14] Cf. *MC*, n. 34-37.

das ciências humanas; isso concorrerá, efetivamente, para que seja eliminada uma das causas de perturbação que se nota nesse mesmo campo do culto à Mãe do Senhor; quer dizer, aquele desconcerto entre certos dados deste culto e as hodiernas concepções antropológicas e a realidade psicossociológica, profundamente mudada, em que os seres humanos do nosso tempo vivem e operam.

A nossa época, não diversamente das precedentes, é chamada a aprimorar o próprio conhecimento da realidade com a Palavra de Deus, a confrontar as suas concepções antropológicas e os problemas que daí derivam com a figura da Virgem Maria, conforme ela está proposta no Evangelho. Desse modo, a leitura das Divinas Escrituras, feita sob o influxo do Espírito Santo e tendo presentes as aquisições das ciências humanas e as várias situações do mundo contemporâneo, levará a descobrir que Maria pode ser tomada como modelo naquilo por que anelam os seres humanos de nosso tempo.

2.2 A oração *Angelus Domini*[15]

O Papa Paulo VI, na referida exortação apostólica *Marialis Cultus* (MC), nos aponta como um salutar exercício de piedade mariana a oração do *Angelus Domini*, pela sua

> estrutura simples, o caráter bíblico, [...] a abertura para o Mistério Pascal, em virtude da qual, ao mesmo tempo que comemoramos a

---

[15] O *Angelus Domini* é uma oração tradicional dos cristãos católicos que se estruturou lentamente, ao longo dos séculos. A forma como a conhecemos em nossos dias – três ave-marias alternadas por três antífonas, seguidas de um versículo e de uma oração – remonta ao século XVI. Conforme S. MAGGIANI (*Dicionário de mariologia*, p. 39), "o caráter oficial do *Angelus*, se assim podemos dizer, recebeu confirmação definitiva no *Cerimoniale Episcoporum*, editado por vontade de Clemente VIII".

encarnação do Filho de Deus, pedimos para ser conduzidos, "pela sua paixão e morte na cruz, à glória da ressurreição", fazem com que ele [*Angelus*], à distância de séculos, conserve inalterado o seu valor e intacto o seu frescor.[16]

Em cada versículo da oração do *Angelus*, contemplamos a figura de Maria plenamente integrada no plano salvífico de Deus, numa profunda relação com a Palavra. Vejamos:

a) O Anjo do Senhor anunciou a Maria; e ela concebeu do Espírito Santo (Lc 1,28.35)

Este versículo constitui um bom exemplo do que podemos chamar de *sacramentalidade da escuta* da Palavra de Deus: Deus fala e cumpre; diz e faz.[17]

Maria é a Virgem que sabe ouvir, que acolhe a Palavra de Deus com fé. Fé que foi para ela prelúdio e caminho para a maternidade divina; [...] fé, enfim, com a qual ela, protagonista e testemunha singular da Encarnação, reconsiderava os acontecimentos da infância de Cristo, confrontando-os entre si, no íntimo do seu coração (cf. Lc 2,19.51). É isto também que a Igreja faz; na sagrada liturgia, sobretudo, ela escuta com fé, acolhe, proclama e venera a Palavra de Deus, distribui-a aos fiéis como pão da vida, à luz da mesma, perscruta os sinais dos tempos, interpreta e vive os acontecimentos da história.[18]

---

[16] *MC*, n. 41.

[17] Cf. Ez 37,14.

[18] *MC*, n. 17. Veja também: BENTO XVI. *Verbum Domini*, n. 56: "Daqui se compreende que, na origem da sacramentalidade da Palavra de Deus, esteja precisamente o mistério da encarnação: 'o Verbo se fez carne' (Jo 1,14), a realidade do mistério revelado oferece-se a nós na 'carne' do Filho'". Texto disponível em: <http://www.vatican.va/holy-father/benedict_xvi/apost_exhortations/documents/hf_ben-xvi_exh_20100930_verbum-domini_po.html>.

b) Eis a serva do Senhor; faça-se em mim segundo a vossa Palavra (Lc 1,38)

Da escuta emerge a disponibilidade ao serviço. Maria se coloca à inteira disposição da vontade de Deus, possibilitando o desencadeamento da plena realização da "obediência" do Verbo, que, do seio da Trindade, virá cumprir a vontade do Pai, como bem expressa a Carta aos Hebreus: "Ao entrar no mundo, Cristo declara: 'Eis que vim, ó Pai, para fazer a tua vontade'".[19] Em suma: o "eis-me" de Maria se perpetua e se atualiza no seio da Igreja quando esta se põe na total disponibilidade de servir a Deus, em comunhão com o seu divino Esposo.

c) E o Verbo se fez carne; e habitou entre nós (Jo 1,14)

A Encarnação do Verbo no seio de Maria marca, de forma simultânea, o início da trajetória do Cristo no seio da humanidade. Começando por Maria de Nazaré e se ampliando e prolongando através da comunidade eclesial, continuadora da sua vivência de fé e obediência, a Palavra se faz carne e habita entre nós, homens e mulheres de todas as gerações, atingindo seu ponto culminante na participação do mistério do rebaixamento (*kénosis*) – a sua paixão e morte de Cruz – e da consequente glorificação.[20] A partir da ressurreição de Cristo, sua "morada" entre nós continua garantida, graças ao permanente envio do Espírito Santo e à acolhida do mesmo pela comunidade eclesial, sempre à semelhança do que ocorreu no cenáculo, onde estava presente a "Mãe de Jesus".[21]

---

[19] Hb 10,5.7.
[20] Cf. Fl 2,6-11.
[21] Cf. At 1,14.

MARIA NO CORAÇÃO DA IGREJA

d) Rogai por nós, santa Mãe de Deus, para que sejamos dignos das promessas de Cristo

Espelhando-se naquela que vivenciou admiravelmente as "promessas de Cristo", as "bem-aventuranças", a comunidade dos fiéis suplica à "Mãe" e "Discípula" que rogue a Deus para que o mesmo lhe conceda a graça de seguir o caminho do verdadeiro discipulado do divino Mestre, Jesus Cristo.

e) Infundi, Senhor, em nossos corações, a vossa graça, para que, conhecendo pela mensagem do anjo a Encarnação de vosso Filho, cheguemos, por sua paixão e cruz, à glória da ressurreição

Esta oração conclusiva do *Angelus* adveio da "oração do dia" da missa do quarto domingo do Advento. Como é sabido, nesse domingo a figura da "Virgem e Mãe", a escolhida por Deus, recebe uma atenção especial. A comunidade reunida suplica ao Pai a graça de levar o "conhecimento" (no sentido bíblico do termo!) do mistério da Encarnação às suas últimas consequências: a participação plena no Mistério Pascal de Cristo para que, a exemplo de Maria, seja no mundo sinal visível da contínua ação de Deus na história humana. Esse "conhecimento" nada mais é do que a experiência da passagem libertadora de Deus, sentida e vivenciada a cada instante, sobretudo onde a vida vence a morte, onde o amor, a solidariedade, vencem o egoísmo, onde situações desumanas se convertem em estruturas mais humanas.[22]

---

[22] Cf. CELAM. *Conclusões de Medellín*. Introdução, n. 6. Texto disponível em: <http://www.multimedios.org/docs/d000273/>.

3. Ofício Divino da Mãe do Senhor: um exemplo concreto de integração da piedade popular à Liturgia das Horas

As Comunidades Eclesiais espalhadas por este imenso país, desde o ano de 2001, podem contar com um sólido alimento que certamente muito as ajudará no cultivo de uma sadia devoção à Virgem Maria. Trata-se do *Ofício da Mãe do Senhor*.[23] Esse subsídio, elaborado conforme o esquema ritual do já conhecido *Ofício Divino das Comunidades*,[24] integra, de forma magistral, a multiforme expressão da piedade popular à inesgotável riqueza da *Liturgia das Horas*. Além do valor em si, este "Ofício popular" vem atender à explícita recomendação do Concílio Vaticano II para que os pastores fomentem a participação dos fiéis leigos na recitação do Ofício Divino,[25] bem como o desafio pastoral da integração da piedade popular à liturgia.

Inspirando-se na devoção dos mistérios do rosário (gozosos, dolorosos, gloriosos), o autor[26] organizou o *Ofício da Mãe do Senhor* em três seções: "Ofício das alegrias", "Ofício

---

[23] VELOSO, R. *Ofício da Mãe do Senhor;* "Eis aí tua mãe". São Paulo: Paulus, 2001.

[24] Esquema ritual do *Ofício:* 1. Chegada; 2. Abertura; 3. Recordação da vida; 4. Hino; 5. Salmodia; 6. Palavra de Deus; 7. Cântico evangélico; 8. Preces; 9. Bênção final; 10. Canto final.

[25] Cf. *Sacrosanctum Concilium,* n. 100.

[26] Reginaldo Veloso é presbítero, poeta, músico e liturgista. É tido como um dos promotores pioneiros da inculturação da música litúrgica da Igreja no Brasil. É membro das equipes de "Reflexão" e do "Hinário Litúrgico da CNBB". Participou ativamente da

MARIA NO CORAÇÃO DA IGREJA

das dores" e "Ofício das glórias". Para cada seção, três formulários (Ofício de vigília – Ofício do amanhecer – Ofício do anoitecer).

No intuito de obtermos uma noção do trabalho do autor, a título de exemplo, tomaremos dois elementos do referido *Ofício*, a saber: os refrões meditativos e o hino que vêm apresentados como primeira opção. Vale observar, de antemão, que o compositor teve o cuidado de reescrever alguns versos, buscando adequá-los ao *Ofício* em questão e à teologia atual. As matrizes originárias dos refrões são o tradicional "Louvando a Maria" e o conhecido "Ave de Fátima", e a do hino é o *Ofício da Imaculada Conceição*.[27] Observemos os quadros a seguir:

---

elaboração do *Ofício Divino das Comunidades*. Além da elaboração do *Ofício da Mãe do Senhor*, Reginaldo Veloso produziu os três CDs que acompanham a obra.

[27] O "Ofício da Imaculada Conceição de Nossa Senhora", ou simplesmente "Ofício de Nossa Senhora", surgiu na Europa por volta do século XV. Foi amplamente divulgado e recomendado por missionários e beatos no interior do Brasil. Este ofício popular segue a divisão da oração do breviário antigo nas horas de *Matinas, Prima, Tercia, Sexta, Nôa, Vésperas e Completas*, porém sem os salmos. Enquanto a oração do breviário é rezada de forma fragmentada, ou seja, conforme cada hora do dia e da noite, o ofício popular de Nossa Senhora é rezado de uma só vez. Existem muitas melodias para cantar este ofício. Há melodias próprias para o Tempo Comum, para a Quaresma e para as Exéquias. No Maranhão, por exemplo, há mais de trinta melodias diferentes para o "Ofício de Nossa Senhora".

3.1 Hino

OFÍCIO DA IMACULADA CONCEIÇÃO	OFÍCIO DAS GLÓRIAS (Amanhecer)
Deus vos salve, Virgem, Senhora do mundo, Rainha dos céus e das virgens, Virgem.	Deus vos salve, Virgem, Sois do mundo aurora, Barra luminosa Todos te bendizem!
Estrela da manhã, Deus vos salve, cheia de graça divina, formosa e louçã.	Da manhã de Deus Alba, sois bendita: O Sol da Justiça Já de vós nasceu!
Dai pressa, Senhora, em favor do mundo, pois vos reconhece como defensora.	
Deus vos nomeou desde *ab aeterno* para a Mãe do Verbo, com o qual criou:	Deus vos nomeou, Com amor eterno, Para Mãe do Verbo, Pelo qual criou
Terra, mar e céus, e vos escolheu, quando Adão pecou, por esposa de Deus. Etc.	Terra, mar e céus, Dons do seu amor, Dons do Criador Para os filhos seus! Etc.

3.2 Refrões meditativos

OFÍCIO DAS ALEGRIAS		
Vigília	*Amanhecer*	*Anoitecer*
Louvando a Maria, o povo fiel saúda hoje em dia com são Gabriel Ave! Ave! Ave, Maria! Ave! Ave! Ave, Maria!	Maria visita sua prima Isabel, os ventres exultam, alegra-se o céu! Ave! Ave! Ave, Maria! Ave! Ave! Ave, Maria!	A noite desceu e vai-se o dia, que nunca nos falte tua companhia! Ave! Ave! Ave, Maria! Ave! Ave! Ave, Maria!
OFÍCIO DAS DORES		
Vigília	*Amanhecer*	*Anoitecer*
Ó mãe, do teu povo as dores sentiste, teu Filho co'a cruz bem cedo seguiste. Ave! Ave! Ave, Maria! Ave! Ave! Ave, Maria!	Levando sua cruz, Jesus nos convida, sua mãe vem conosco, conforto na lida! Ave! Ave! Ave, Maria! Ave! Ave! Ave, Maria!	Amou a seu povo, por nós deu a vida, da cruz nos entrega a mãe tão querida! Ave! Ave! Ave, Maria! Ave! Ave! Ave, Maria!
OFÍCIO DAS GLÓRIAS		
Vigília	*Amanhecer*	*Anoitecer*
Ó quanta alegria, do teu Filho a glória: Divina justiça, do amor a vitória! Ave! Ave! Ave, Maria! Ave! Ave! Ave, Maria!	Maria do povo, Maria de Deus, na vida e na morte, na terra e nos céus! Ave! Ave! Ave, Maria! Ave! Ave! Ave, Maria!	Maria do povo, Maria de Deus, na terra serviste, reinaste nos céus! Ave! Ave! Ave, Maria! Ave! Ave! Ave, Maria!

Nos exemplos apresentados, bem como nos demais elementos do *Ofício da Mãe do Senhor*, o tratamento devotado à figura de Maria – mãe, discípula fiel de Jesus, mulher do povo, companheira de caminhada etc. – está em perfeita conformidade com a Sagrada Escritura e a mais genuína Tradição da Igreja. Em nenhum momento a Mãe do Senhor é tratada por "Senhora", porque, na intuição pastoral do autor, o binômio "Nosso Senhor – Nossa Senhora" é, sem dúvida, um dos desvios "pedagógicos" que levaram a piedade singela e espontânea do povo a essa equivocada equiparação e endeusamento da figura de Maria, a qual não precisa dos nossos exageros para ter a importância que merece em nossa devoção.

Concluindo nossa reflexão, auguramos que ela possa contribuir para o fomento de uma sadia devoção à Mãe do Senhor. Talvez o principal desafio seja o de garimpar no imenso baú da piedade popular aquelas pedras preciosas que se encontram misturadas com outras tantas que precisam ser buriladas ou mesmo postas de lado. A base criteriológica para tão delicada empreitada não poderá prescindir de um acurado estudo da Tradição bíblico-teológico-litúrgica e espiritual, como bem nos apontou o Papa Paulo VI em sua exortação apostólica.

Afinal, o que se espera de tudo isso é caminharmos no firme propósito traçado pelo venerável pastor da Igreja de Milão:

> Esteja em cada um de vós a alma de Maria para engrandecer o Senhor: em cada um esteja o espírito de Maria para exultar em Deus. Embora segundo a natureza haja uma só Mãe de Cristo, segundo a fé o Cristo é o fruto de todos; pois toda alma recebe o Verbo de Deus desde que, sem mancha e libertada do pecado, guarda a castidade com inteira pureza. Toda alma que alcança esta perfeição engrandece o Senhor como a alma de Maria o engrandeceu e seu espírito exultou em Deus, seu Salvador.[28]

---

[28] SANTO AMBRÓSIO. Exposição sobre o evangelho de São Lucas. Citado em: *Liturgia das Horas*, v. 1, p. 318.

Referências

CONCÍLIO VATICANO II. *Lumen Gentium*. Especialmente cap. VIII. Disponível em: <http://www.vatican.va/archive/hist_councils/ii_vatican_council/documents/vat-ii_const_19641121_lumen-gentium_po.html>.

MAGGIANI, S. "Angelus". In: FIORES, Stefano; MEO, Salvatore. *Dicionário de mariologia*. São Paulo: Paulus, 1995.

MAGGIONI, Corrado. *Maria na Igreja em oração*. 2. ed. São Paulo: Paulus, 2006.

_____. *Benedetto il frutto del tuo grembo;* due milleni di pietá mariana. Casale Monferrato: Portalupi Editore, 2000.

MURAD, Afonso. *Maria, toda de Deus e tão humana*. São Paulo: Paulinas, 2004.

PAULO VI. *Marialis Cultus*. Disponível em: <http://www.vatican.va/holy_father/paul_vi/apost_exhortations/documents/hf_p--vi_exh_19740202_marialis-cultus_po.html>.

VELOSO, Reginaldo. *Ofício da Mãe do Senhor*. São Paulo: Paulus, 2001.

VV. AA. *Maria nel concilio;* approfundamenti e percorsi. Roma: Centro di Cultura Mariana "Madre della Chiesa", 2005.

O perfil mariano da Igreja

*Francisco das Chagas**

"Quando a inteligência da fé olha um tema à luz de Maria, coloca-se no centro mais íntimo da verdade cristã."
Verbum Domini, n. 27

O autor que mais se aprofundou ao estudar a relação Maria e a Igreja e daí o Princípio Mariano entre outros foi *Hans Urs Von Balthazar*. O Papa *João Paulo II*, em várias circunstâncias e em não poucas ocasiões, trouxe o tema à reflexão. Bento XVI assume a mesma doutrina. Praticamente, esta abordagem tomará como base os três autores citados, sem excluir outras colaborações.

A Igreja existiu desde a Encarnação, certamente não em sua forma institucional – somente muito mais tarde Jesus cha-

---

* Bacharel e licenciado em Química pela Universidade Católica de Pernambuco; licenciado em Pedagogia, com especialização em Administração Escolar, Supervisão Escolar e Orientação Educacional, pela Faculdade de Filosofia do Recife; especialização em Planejamento na Escola Moderna pela Faculdade de Filosofia do Recife; especialista em Marketing Empresarial pelo Centro Universitário de João Pessoa – UNIPÊ; bacharel em Direito pelo Instituto Superior de Educação da Paraíba (IESP); doutor em Teologia com especialização em Mariologia pela Pontifícia Faculdade Teológica "Marianum", de Roma. Atualmente, ministra cursos, conferências, retiros para leigos, padres, religiosos e religiosas.

mará os Doze e os enviará com plenos poderes para pregar e administrar os sacramentos –, mas numa forma tão perfeita ("imaculada", Ef 5,27) como jamais se registrou depois.

A ideia realizadora da Igreja está no início. Tudo o que segue, também o ministério com suas funções salvíficas, é secundário em relação a ela, embora não marginal, já que a Igreja tem em vista justamente recuperar e salvar o mundo pecador.

Em Maria, a Igreja já assumiu a figura corpórea antes de estar organizada em Pedro. A Igreja é, em primeiro lugar – e este "em primeiro lugar" é algo permanente –, feminina, antes de receber o seu lado masculino, complementar no ministério eclesiástico.

Maria-Igreja, esta relação nunca fora apresentada com tanto vigor, profundidade e essencial como no Concílio Vaticano II: Maria não é modelo que a Igreja deva contemplar "de fora". Ela é a figura da Igreja, a sua plena realização. A essência da Igreja é "mariana" (cf. capítulo VIII da *Lumen Gentium*).

Maria, no seu "sim", é a forma plasmadora da Igreja. Este "sim" não é apenas resposta individual, contém, no entanto, a dimensão coletiva de abertura de todo o gênero humano para Deus. Essa dimensão do "sim" foi o que levou Lucas a observar que, ouvida a saudação do anjo, "Maria ficou intrigada e pôs-se a pensar qual seria o significado da saudação" (Lc 1,29).

Maria tem papel central na Igreja, daí por que são inúmeras as consequências para o modo de ser Igreja. É a partir dessa reflexão que Von Balthasar extrai uma das intuições mais geniais, identificando nas várias dimensões da Igreja a continuação das experiências arquetípicas da fé das pessoas que circundaram Jesus na sua vida. Para ele, Jesus ressuscitado não pode ser isolado daquela que foi a "constelação" de sua vida histórica. Daí contempla os princípios *petrino* (Pedro), *paulino* (Paulo), *joanino* (João) e *jacobino* (Tiago), e o princípio *mariano*, que antecede todos eles. Cada um deles será desenvolvido mais à frente.

É na continuidade dessa intuição de Von Balthasar que João Paulo II anunciou: "Na aurora do novo milênio, divisamos com alegria o surgimento desse perfil mariano da Igreja, que compendia em si o conteúdo mais profundo da renovação conciliar" (audiência, 25 de novembro de 1998).

No encontro com o Colégio Cardinalício e a Cúria Romana, em 1987, Von Balthasar é citado como pai da sua afirmação:

> Maria, a Imaculada, precede todos os outros, e, obviamente, a Pedro e os apóstolos, provindo da massa do gênero humano que nasce sob o pecado, fazem parte da Igreja "sancta ex peccatoribus", mas também porque o seu tríplice *múnus não tem outro objetivo senão formar a Igreja naquele ideal de santidade, que já é pré-formado e prefigurado em Maria*. A dimensão mariana da Igreja antecede a petrina, embora lhe seja estreitamente unida e complementar. Como bem disse um teólogo contemporâneo, Maria é "rainha dos Apóstolos sem pretender para si os poderes apostólicos. Ela tem outras coisas e muito mais". (VON BALTHASAR, H. U. *Neue Klarstellungen*. Trad. ital. Milão, 1980. p. 181)

Na *Mulieris Dignitatem* – 1988 –, João Paulo II afirmou que o perfil mariano "é tão – se não mais – fundamental e caracterizante para a Igreja quanto o perfil *apostólico e petrino*, ao qual está profundamente unido". Cita expressamente Von Balthasar como o teólogo que aprofundou de maneira original e brilhante "o Princípio Mariano" da Igreja, prestando, assim, o mais alto reconhecimento ao seu autor (n. 27, nota 55).

O Princípio Mariano constitui o centro da eclesiologia de Von Balthasar. Bento XVI, no quadragésimo aniversário de encerramento do Concílio Vaticano II, assume também o pensamento de Von Balthasar ao apresentar uma síntese do Concílio: "[...] uma moldura mariana circunda o Concílio, na realidade é muito mais do que uma moldura: é uma orientação de todo o seu caminho" (Homilia, 8 de dezembro de 2005).

Como afirmado anteriormente, a "constelação" da vida histórica do Ressuscitado e tomando como base o desenvolvimento da experiência da Igreja primitiva, Von Balthasar fala de cinco princípios que constituem a estrutura fundamental da Igreja: o princípio *petrino*, os princípios *paulino*, *joanino*, *jacobeu* (de São Tiago) e o princípio *mariano*, que compreende os anteriores.

O *princípio petrino* é o mais conhecido: relembra a figura de Pedro. A partir da leitura do Evangelho, dos Atos dos Apóstolos e das cartas de São Pedro, Von Balthasar ressalta a figura de Pedro, relacionando-a com a proclamação do querigma e com sua realização concreta na vida cristã. A continuidade da missão de Pedro tem a ver com o "Credo" pregado de maneira ordenada, em todo o mundo, através do ministério pastoral. É a dimensão hierárquica e institucional da Igreja, que representa a dimensão "objetiva" de santidade.

O *princípio paulino* está vinculado ao caráter missionário de Paulo, o Apóstolo dos Gentios, aquele que se tornou cristão por pura graça, sem méritos nem obras, rompendo irremediavelmente com o passado. Podemos ver como a missão de Paulo continua na irrupção do alto, imprevista e sempre nova, dos novos carismas, na história da Igreja. É um princípio profético e celeste, no qual estão implicados os grandes carismas missionários, as grandes conversões, as grandes visões com que a Igreja é brindada pelas palavras ditadas pelo Espírito. Põe o acento na extensão e na estrutura vertical da Igreja. Os grandes carismas provêm da Jerusalém celeste e deles se dá testemunho com as palavras e com a vida. Sobre essa base manifesta-se a liberdade no Espírito Santo, apesar de a submissão a Pedro ser sinal da autenticidade das missões. A tradição paulina infunde na Igreja a visão e a certeza da salvação, através de sua dimensão carismática.

O *princípio joanino* é aquele em que Von Balthasar vê refletida grande parte de sua obra. João é o discípulo predileto, o evangelista do mandamento novo. Von Balthasar considera a missão de João como uma missão de unidade que continua. Sintetiza os elementos petrinos e paulinos, combinando-os com a visão contemplativa. Todos aqueles que vivem os conselhos evangélicos encarnam essa dimensão da Igreja e têm como missão o amor contemplativo: comunicam a mensagem de que com o amor tudo é possível. Von Balthasar vê João e Maria tão profundamente unidos que o princípio mariano e o princípio joanino nem sempre podem ser facilmente distinguidos em seus textos.

O *princípio jacobeu* ou *jacobita* se baseia em São Tiago, irmão do Senhor, que parece ter ocupado o lugar de Pedro, quando esse deixou Jerusalém (At 12,17). No Concílio dos Apóstolos foi o promotor da moção decisiva para a reconciliação entre os cristãos judeus e gentios (At 15,13-21). Entretanto, representa, sobretudo, a continuidade entre a Antiga e a Nova Aliança, representa a Tradição, a legitimação da letra da Lei contra um puro espiritualismo. É a dimensão da Igreja que afirma o sentido histórico das coisas, a continuidade, a Tradição, o Direito Canônico. Esse princípio é personificado naqueles que têm a missão de lembrar-nos que é preciso estar ancorado na experiência primeira e que é importante voltar às origens da nossa história cristã para encontrar nova luz que nos permita seguir avançando.

O *princípio mariano* – Maria personifica a Igreja em dois sentidos. Primeiro porque toda a realidade da Igreja consiste em ser transparência mariana de Cristo, depois porque Maria é a mãe que gerou o Verbo, de quem a Igreja nasce, e é a esposa que coopera com Cristo no evento da Redenção. Maria é, portanto, aquele princípio da Igreja que abraça tudo, o ponto em que todos os demais perfis da Igreja encontram o *baricentro* (o centro de gravidade) de sua unidade interna.

Particular atenção é dada à interação entre o princípio mariano e o princípio petrino. Considera dois princípios co-extensivos, em torno dos quais se desenvolve toda a vida da Igreja. Sua interação está intimamente ligada à identidade da Igreja como "unidade entre os dois", Cristo e a sua Esposa.

Maria é o modelo de fé para todos os membros da Igreja. Os fundamentos desse princípio se apoiam na lógica trinitária manifestada no inefável mistério de Deus, revelado em Cristo. "Ele nos deu a conhecer seus desígnios mais secretos, aqueles que havia decidido realizar em Cristo" (Ef 1,9), o que "havia decidido realizar na plenitude dos tempos", o que outra coisa não é senão "recapitular em Cristo todas as coisas, as do céu e as da terra" (Ef 1,10). Em todos os escritos de Von Balthasar, Maria é uma explicação desse mistério de amor e é o modelo de nosso encontro com o mistério de Deus, revelado em Jesus Cristo.

Jesus, em sua vida, se rodeou de uma "constelação" humana composta por Maria, por Pedro, pelos apóstolos, pelas irmãs de Betânia etc. Todos representam as várias missões da Igreja que se perpetuam em seu caminho histórico.

Pedro, na comunidade pascal e pentecostal, reconheceria, como os demais apóstolos, Maria como a Mãe do Senhor por sua docilidade à graça e por sua resposta à vontade de Deus. Enquanto Maria, acompanhando a Igreja nascente, veria em Pedro o discípulo a quem seu Filho entregara as chaves do Reino dos Céus. Para Maria, Pedro é o ponto de referência, no qual "se faz unidade" até o fim. Para Pedro, no entanto, a referência é Maria, porque ela, além de Mãe, é o "devenir" (futuro) de toda a Igreja. Nenhum dos dois se equivoca.

A característica que Maria traz é que ela é "protótipo" da Igreja, "modelo" seu, desde o começo de sua missão, isto é, desde o acontecimento da Anunciação. "Maria precede a todos os outros e, naturalmente, ao próprio Pedro e aos apóstolos". "O perfil mariano é anterior ao petrino [...] e é mais elevado e proeminente, mais rico em implicações pessoais e comunitárias." O princípio mariano é, em vários aspectos, mais fundamental do que o princípio petrino. Isso significa que crer é mais importante do que desempenhar um ministério na Igreja.

Essa novidade mariológica está fundamentada na doutrina do Concílio Vaticano II e é uma das contribuições mais

MARIA NO CORAÇÃO DA IGREJA

significativas para a renovação da Igreja. No documento conciliar *Lumen Gentium*, a Igreja, através da voz dos padres conciliares, "se propõe a declarar com maior precisão, a seus fiéis e a todo o mundo, sua natureza e sua missão". No mencionado documento, a Igreja é descrita como "Povo de Deus" (n. 9) ou "multidão congregada na unidade do Pai, do Filho e do Espírito Santo" (n. 4). No capítulo VIII do mesmo documento, dedicado integralmente a Maria, esta é proclamada "membro supereminente e absolutamente singular" (n. 53), "protótipo e modelo acabado, na fé e na caridade" (n. 53), dessa multidão de crentes que constitui a Igreja.

Quando o capítulo VIII da *Lumen Gentium* afirma que Maria é "protótipo" e "modelo" da Igreja, significa que ela é o modelo de cada um dos membros que constituem a "multidão de crentes". O "sim" de Maria a Deus é o ato de amor perfeito que a humanidade já deu a Deus. A vida da Igreja continua e atualiza o "sim" de Maria a Deus, e "se manifesta, sobretudo, na santidade do amor e na vida evangélica do crente". Para a Cristandade, o encontro com o Mistério do amor implica na conversão ao amor.

A explicação da estrutura organizativa da Igreja é descrita pelo princípio petrino que fundamenta a unidade institucional. A relação de Pedro com Jesus, no início da comunidade eclesial, na fundação da Igreja, manifesta o desejo de Jesus de que Pedro seja aquele que preside na caridade e seja o centro da união de todos.

O perfil petrino é vivido hoje pelo Papa e pelo colégio apostólico, com a ajuda dos presbíteros e diáconos, dóceis à ação do Espírito, que dirige, através deles, a nau da Igreja. A

112

explicação da essência da Igreja destaca o princípio mariano, o qual descreve os fundamentos que sustentam a santidade de Igreja.

O perfil mariano é vivido por todos os fiéis, todos os carismas, todos os profetas, todo o amor que se derrama no mundo, quando se vive a Palavra, sem subtrações nem compromissos, e quando se deixa atuar o Espírito que move os corações dos fiéis. Não se trata de dois polos em tensão, de dois aspectos a serem equilibrados, ou de duas realidades dialéticas. Não, são dois rostos concretos que se querem, servem e se necessitam; que se olham no único olhar do Senhor, que deu a vida por eles, e pelo qual também eles estão dispostos a dar a vida. O mundo tenta arrancá-los da Igreja para que seja mais uma estrutura de poder, sem Maria; ou para que seja uma corrente de entusiasmo à deriva, sem Pedro. Mas nenhum dos dois será infiel.

A relação de Maria com Jesus, nos inícios da comunidade, manifesta que Maria realiza o ato de comunhão mais perfeito com os planos de Jesus ao aceitar cumprir sua vontade. O "sim" de Maria constitui uma Aliança. Este é o motivo por que podemos falar de "rosto mariano", referindo-nos aos carismas e à santidade da Igreja.

As ressonâncias que tem a função de Maria, assim compreendida, na vida da Igreja, são numerosas: ela é o modelo de vida para o cristão; ela é o protótipo que a mulher pode contemplar para encontrar o lugar que lhe corresponde na Igreja; é o "modelo" dos movimentos eclesiais. Maria é, além disso, o caminho que conduz ao ecumenismo e ao diálogo inter-religioso; é aquela que pode fazer com que o Cristianis-

MARIA NO CORAÇÃO DA IGREJA

mo supere o risco imperceptível de tornar-se inumano e que a Igreja supere o perigo de se tornar uma função, sem alma.

O Concílio Vaticano II destacou o papel da Igreja como sacramento de unidade com Deus e com toda a humanidade. Contém tanto a unidade externa, petrina, quanto a unidade interna, mariana.

A unidade petrina é o princípio hierárquico na Igreja. O elemento mariano da Igreja é a presença esponsal e materna de Maria, que confere uma unidade mariana no núcleo da Igreja celeste e terrena, na qual a ordem da natureza é aperfeiçoada pela graça; o eros pelo ágape; o cosmo criado pelo amor eclesial.

Os bispos em Aparecida nos passam esta lição:

> Como na família humana, a Igreja-família é gerada ao redor de uma mãe, que confere "alma" e ternura à convivência familiar (cf. *DAp*, n. 295). Maria, Mãe da Igreja, além de modelo e paradigma da humanidade, é artífice de comunhão. *Um dos eventos fundamentais da Igreja é quando o "sim" brotou de Maria.* Ela atrai multidões à comunhão com Jesus e sua Igreja, como experimentamos muitas vezes nos santuários marianos. Por isso, como a Virgem Maria, a Igreja é mãe. *Esta visão mariana da Igreja é o melhor remédio para uma Igreja meramente funcional ou burocrática* (*DAp*, n. 268).

Von Balthasar adverte: "Sem a Mariologia o cristianismo ameaça desumanizar-se inadvertidamente. A Igreja se torna funcionalística, sem alma, uma fábrica febril incapaz de deter-se, perdida em projetos ruidosos".

E posto que neste mundo dominado pelos homens sucedem-se de modo contínuo novas ideologias que mutuamente

114

se suplantam, tudo se torna polêmico, crítico, áspero, maçante e finalmente cansativo, enquanto as pessoas se afastam em massa de uma Igreja desse tipo...

A Igreja pós-conciliar perdeu bastante seu rosto místico; é uma Igreja do diálogo permanente, das organizações, da consulta, dos congressos, dos sínodos, das comissões, das academias, dos partidos, dos grupos de pressão, das estruturas e das reestruturações, das pesquisas sociológicas, das estatísticas; ela é, mais do que nunca, uma Igreja masculina...

"Essas ocorrências tipicamente masculinas e abstratas não estariam predominando talvez por ter-se perdido a profunda feminilidade, a 'mariedade' ('marianidade') da Igreja?"

E na homilia de 1º de janeiro de 1987, na Basílica de São Pedro, dirigia a Maria esta oração:

Tu és memória da Igreja!
A Igreja aprende de Ti, Maria,
Que ser Mãe quer dizer ser uma
Viva memória, isto é, "conservar e
Meditar no coração" as vicissitudes
Alegres e dolorosas.
... quantas vicissitudes..., quantas
esperanças, mas também quantas ameaças,
quantas alegrias, mas também quantos sofrimentos...,
às vezes quão grandes sofrimentos! Devemos todos,
como Igreja, conservar e meditar no coração estas
vicissitudes: *tal como a Mãe*. Devemos aprender cada vez mais
de Ti, Maria, como ser Igreja nesta passagem de milênio.

(In: *L'Osservatore Romano*. Edição semanal
em língua portuguesa, 11 jan. 1987, p. 1.)

A mesma atitude é válida para todos e cada um em particular. O "meu diário íntimo" é uma história com o Deus da Aliança. Uma história a ser lida e relida como enamorados que nunca se cansam de contar e recordar...

E se, entre as inúmeras maravilhas que o *Esposo e a Esposa* realizam, entre nós um calafrio atingir os que queiram refletir seriamente: que uso se fará da energia atômica? E do uso "científico" da genética? Da corrida espacial...? Do aumento assustador dos pobres e miseráveis???? Que dizer diante de tudo isto?

Uma vez mais ouçamos os ensinamentos do Bem-Aventurado João Paulo II:

> A atitude de Maria inspira a nossa fé. Quando sopram as tempestades e tudo parece naufragar, vem-nos em auxílio a memória de quanto o Senhor fez no passado. Recordemos, acima de tudo, a morte e ressurreição de Jesus; e depois as inúmeras libertações realizadas por Cristo na história da Igreja, no mundo, e na vida de cada um dos que acreditam. Desta recordação, surge mais fecunda e jubilosa a certeza de que também no presente, por mais ameaçador que seja, o Redentor navega conosco na mesma barca. O vento e o mar obedecem-lhe (cf. Mc 4,41; Mt 8,27; Lc 8,25). (*Angelus*, 31 de julho de 1983).

A Igreja deve neste fazer "memória" resgatar "o perfil mariano" tão intimamente unido àquele "petrino", porém anterior, mais elevado e preeminente. Um não destrói o outro, mas o primeiro é quem orientará o segundo. *A hierarquia tipicamente masculina não terá "escondido" a face mariana da Igreja?* Resgatar a *marianidade* talvez seja o grande desafio da *Igreja do Terceiro Milênio*.

116

Referências

BENTO XVI. *Verbum Domini*. Disponível em: <http://www.vatican.va/holy_father/benedict_xvi/apost_exhortations/documents/hf_ben-xvi_exh_20100930_verbum-domini_po.html>.

CELAM. *Documento de Aparecida*. São Paulo: CNBB/Paulus/Paulinas, 2007.

DOCUMENTOS DO CONCÍLIO VATICANO II. Disponíveis em: <www.vatican.va>.

JOÃO PAULO II. *Mulieris Dignitatem*. Disponível em: <http://www.vatican.va/holy_father/john_paul_ii/apost_letters/documents/hf_jp-ii_apl_15081988_mulieris-dignitatem_po.html>.

_____. *Redemptoris Mater*. <http://www.vatican.va/holy_father/john_paul_ii/encyclicals/documents/hf_jp-ii_enc_25031987_redemptoris-mater_po.html>.

LEAHY, Brendan. *Il principio mariano nella Chiesa*. Roma: Città Nuova, 1999.

PAULO VI. *Marialis Cultus*. Disponível em: <http://www.vatican.va/holy_father/paul_vi/apost_exhortations/documents/hf_p-vi_exh_19740202_marialis-cultus_po.html>.

_____. *Signum Magnum*. Disponível em: <http://www.vatican.va/holy_father/paul_vi/apost_exhortations/documents/hf_p--vi_exh_19670513_signum-magnum_po.html>.

RATZINGER, Joseph; VON BALTHASAR, Hans Urs. *Maria Chiesa nascente*. Roma: Paoline, 1981.

_____. *Maria, il sí di Dio all'uomo. Introduzione e commento all'enciclica Redemptoris Mater*. Brescia: Queriniana, 1998.

VON BALTHASAR, Hans Urs. A face mariana da Igreja. In: BEINERT, Wolfgang. *O culto a Maria hoje*. São Paulo: Paulus, 1979.

VON BALTHASAR, Hans Urs. *Maria icona della Chiesa*. Milano: San Paolo, 1988.

_____. *Maria per noi oggi*. Brescia: Queriniana, 1987.

_____. *Punti Fermi*. Milano: Rusconi, 1972.

_____. *Sponsa Verbi*. Madrid: Guadarrama, 1964.

_____. *Verbum Caro*. Madrid: Guadarrama, 1964.

A Trindade
e a Virgem Maria:
uma relação de encontro,
comunhão e missão

*Leomar Antônio Brustolin**

Introdução

A presença de Maria na história da salvação de nenhum modo tem um papel secundário. Por ela, o Filho de Deus, o Redentor, encarnou-se e revelou o Deus trino. A Virgem de Nazaré, portanto, tem uma estreita conexão com o núcleo central de fé cristã. Maria estabelece relações especiais e singulares com as Pessoas da Trindade. Não se trata de relações meramente pragmáticas, como se ela fosse um instrumento utilizado em vista de um projeto maior. Sua liberdade e seu

---

* Estudou Filosofia na Universidade de Caxias do Sul; licenciou-se em Teologia pela PUCRS, de Porto Alegre; concluiu mestrado em Teologia na FAJE, de Belo Horizonte; e doutorou-se em Teologia no Angelicum de Roma. É sacerdote do clero da Diocese de Caxias do Sul, onde atua como pároco da Catedral Diocesana e diretor do curso de Teologia para Leigos da diocese. É professor e coordenador do Programa de Pós-Graduação em Teologia da PUCRS, de Porto Alegre. Coordenador do grupo de Pesquisa, Antropologia e Ética do Cuidado na PUCRS. É assessor de temas ligados à Pastoral Urbana e Catequese.

consentimento expressam sua consciência em participar da obra trinitária para a salvação da humanidade.

Se nos questionarmos sobre como e quando a comunidade cristã primitiva começou a intuir a relação existente entre a Mãe de Jesus e a Santíssima Trindade, perceberemos que tudo tem sua gênese na Ressurreição de Cristo. A Páscoa é a revelação definitiva do mistério trinitário, e o evento da ressurreição se relaciona intimamente com o evento do nascimento de Jesus, o que implica a presença e a ação da Mãe de Cristo.[1] A Páscoa, então, é compreendida na perspectiva da Encarnação. O sepulcro de Jerusalém aparece como um novo ventre para gerar o Cristo. O nascimento pascal remonta ao nascimento de Belém e, portanto, o ventre do sepulcro remete ao ventre de Maria. Quem realiza esse mistério é o Deus trino.[2]

Para tratar a relação entre a Virgem Maria e a Santíssima Trindade, é preciso delimitar a reflexão. A abrangência do tema supõe selecionar alguns aspectos para aprofundar. Inicialmente, propõe-se uma releitura do primeiro capítulo do Evangelho de Lucas, relativo à Anunciação do Anjo (Lc 1,26-38), a fim de colher os elementos que permitem conhecer como Criador e criatura estabelecem o encontro, o diálogo e a comunhão no evento salvífico. Em seguida, trata-se do dogma da maternidade divina, em que as Três Pessoas da Santíssima Trindade se revelam de forma singular na expressão "Mãe de Deus". Finalmente, aborda-se o significado da relação entre Maria e a Trindade para a vivência cristã, a missão que deriva do encontro e da comunhão entre Deus e Maria.

---

[1] GAMBERO, L. Cronaca del congresso. *Marianum. Ephemerides Mariologiae* LXII, Roma, n. 157-158, p. 455, 2000.

[2] Ibid., p. 456.

O mistério

Na revelação da Santíssima Trindade, encontra-se um deus que vem ao encontro do ser humano. A fé na Trindade supõe confessar o mistério dos mistérios do Cristianismo. Desde as primeiras formulações dogmáticas dos Concílios de Niceia (325) e Constantinopla (381), os cristãos professam que o Deus conhecido no Antigo Testamento se manifestou no Novo Testamento como o Pai de Jesus Cristo. Este se deu a conhecer como Deus-Filho, que revelou o Espírito Santo. Não é uma revelação abstrata que prescinde da história. A comunicação desse mistério implica o conhecimento do Deus único e verdadeiro que tudo criou e sustenta, e que se manifestou em Jesus como o Deus Salvador, no sentido mais pleno da palavra. Esse desígnio salvífico de Deus envolve de forma ativa as Três Pessoas Divinas.

Esse mistério não pode ser apreendido apenas pela razão. Pode-se chegar ao conceito de Deus vivo, mas não se consegue sondar a vida trinitária das Três Divinas Pessoas. A Trindade revela-se e se oculta ao mesmo tempo. A teologia acolheu melhor o mistério da Santíssima Trindade quando acompanhou o ritmo da economia da salvação, que permite conhecer a imanência da Trindade, isto é, o que ela significa para nós e para nossa salvação. As ações *ad extra* da Santíssima Trindade são indivisíveis. Esse axioma evita que separemos as ações de cada Pessoa Divina, quase entendendo que cada uma tem uma missão exclusiva e especialíssima.

Na reflexão sobre Maria e a Trindade, é preciso considerar essa unidade indivisível em Deus para que não se corra o risco de compartimentar a relação da Virgem com o Deus trino: filha do Pai, mãe do Filho e sacrário do Espírito. Sem

Maria no coração da Igreja

esquecer essa rica tradição, é possível perceber a relação da Mãe de Deus com as Três Divinas Pessoas, a partir da sua condição de criatura que deu à luz o *Logos* e, assim, tornou--se Mãe de Deus. Por isso Maria é a mulher trinitária por excelência, pois ela é a mulher-ícone do mistério[3] da Santíssima Trindade. As divisões que serão apresentadas pretendem somente identificar, de forma didática, a relação de Maria com as Pessoas Divinas.

Se Deus vem ao encontro da humanidade, igualmente os seres humanos buscam a Deus. Dentre todos os "buscadores" de Deus se encontra Maria, como a figura humana que, por excelência, encontrou-se com a Trindade. É preciso, portanto, conhecê-la. Investigações recentes revelam que Maria foi uma mulher judia, pobre, de uma aldeia agrícola da Galileia. Desde pequena foi testemunha da violência e da dominação que seu povo sofreu. Provavelmente, era analfabeta, mas conheceu a Lei e os salmos pela tradição oral. Sua fé se desenvolveu na confiança às promessas das escrituras hebraicas e cuja espiritualidade estava centrada na oração e no cumprimento de deveres religiosos prescritos. Certamente, foi uma mulher de fé, pertenceu a uma comunidade muito pobre. Maria fala ao coração humano de todos os tempos. Nela o ser humano percebe uma relação com Deus a que todos aspiram, mas poucos são capazes de experimentar. Ela se tornou Mãe do verbo do Encarnado. Nela, o Criador se fez criancinha, como canta o hino *Akathistos*.[4]

---

[3] Cf. FORTE, Bruno. *Maria, a mulher ícone do mistério*. São Paulo: Paulus, 1991.

[4] O hino *Akathistos* (que significa "estando de pé", porque se canta nessa posição) é o hino mariano mais importante do Oriente cristão e, talvez, de toda a Igreja. Foi composto em grego no final do século V, por autor desconhecido. Na primeira estação do

O Filho de Maria mudou o mundo, mas sua mãe viveu uma vida simples no meio dos simples. Ela foi pobre no meio dos pobres, oprimida no meio dos oprimidos, no meio dos esquecidos do mundo. Para compreender sua figura, é preciso aceitar esse paradoxo: a Mãe de Deus teve uma existência humilde em Nazaré, sem nenhum destaque social ou diferença em relação ao seu povo.[5] O mistério da vida de Maria se traduz numa vida simples que deu acolhida plena ao mistério trinitário. Nela, o encontro com a Trindade proporcionou a profunda comunhão com Deus e a constituiu partícipe da missão redentora.

O encontro

Na anunciação do anjo a Maria revela-se o compêndio de duas histórias que se encontram: a da divina Trindade e a da humana Maria. Essa síntese do encontro de Deus com a humanidade se expressa na delicadeza da divindade ao se aproximar da Virgem de Nazaré, esperar seu consentimento e realizar a obra salvífica. Deus, assim, convida aquela jovem para ser sujeito ativo no Mistério da Encarnação. O Pai, por meio das palavras do anjo Gabriel, revela o desígnio do amor concretizado na Encarnação do seu Filho por obra do Espírito Santo. Deus vem ao encontro da humanidade. Ao êxodo da existência, ao sair humano, em busca de plenitude, corresponde o advento divino, a vinda da Santíssima Trindade para

---

hino, canta-se: "Ave, ó Estrela que o Sol anuncias! Ave, em teu seio é que Deus se fez carne! Ave, por quem a criação se renova! *Ave, o Criador fez-se em ti criancinha!*".

[5] LAURENTIN, René. *Tutte le genti mi diranno beata*. Bologna: Dehoniani, 1986. p. 7-8.

estabelecer a nova e eterna Aliança. Por Maria e com Maria tudo isso se realizou.

O relato da anunciação do anjo a Maria (Lc 1,26-35) não tem caráter apenas cristológico, trata-se de uma narração essencialmente trinitária. O texto expressa aspectos centrais da pessoa de Maria. Ela é agraciada pela Trindade e contemplada pelos seus dons, em vista da missão de ser a Mãe do Redentor. O Espírito Santo atua especialmente sobre ela, chamando-a a envolver-se totalmente com o Mistério da Encarnação. O Evangelho de Lucas dá acesso aos traços da personalidade de Maria. Ela pergunta, dialoga e questiona, sem que isso signifique falta de fé. Em sua resposta, clara e madura, se expressa o propósito de comprometer-se integralmente com o plano salvífico da Trindade.

No versículo 26, aparece o anjo Gabriel, uma personagem rara. Na Bíblia, é citado somente em Dn 8,16s e 9,21s, quando explica o sentido das visões de Daniel, anunciando o novo tempo que virá, no meio de perseguições e desgraças. O protagonista da narração é Gabriel, o mensageiro de Deus. Ele vai até Maria e entra no lugar onde ela se encontra. Ele toma a iniciativa por obediência a Deus. A figura do anjo expressa a transcendência de Deus. Ele é enviado de Deus. A mensagem que dirá é enviada pelo próprio Senhor. É possível que Lucas tenha-se servido da figura de Gabriel para anunciar a novidade absoluta que irromperia no tempo: a vinda do Messias.

No versículo 27, Maria é descrita como a virgem prometida em casamento (em grego: *parténon emnesteuménen*). O evangelista confirma o dado apresentado por Mateus, indicando que Maria é virgem na primeira fase do matrimônio.

No versículo 28, a Virgem recebe a saudação *Ave* (do grego: *Háire*). Pode-se traduzir também por *Alegra-te*. A expressão convoca Maria a alegrar-se porque a salvação chegou. Aqui há um conteúdo messiânico, pois Deus proclama a causa dessa alegria: ele mesmo visitará seu povo. No mesmo versículo, há a exclamação *Cheia de Graça* (do grego: *Keharitômenê*). Há diversas versões para o sentido dessas palavras. Alguns acreditam tratar-se da exaltação à beleza de Maria, a mulher cheia de encanto e formosura que provém de Deus. Outros percebem o caráter relacional da Virgem com a Trindade. Ela seria a amada de Deus. A Trindade plenifica-a com sua graça para dialogar com ela, para amá-la. Há também a interpretação de que a expressão designa agraciada, isto é, que a Trindade se fixou amorosamente nela. Revelaria muito mais a ação gratuita de Deus do que as qualidades de Maria. Há a versão traduzida por *gratia plena*, indicando que o favor de Deus, sem deixar de ser um dom, pertence a Maria ontologicamente. Ela estaria plenamente enriquecida e recriada na graça. Entre a versão minimalista, que não vê as qualidades de Maria e a maximalista, que a enaltece de forma extraordinária, está a tradução da expressão como contemplada, que, etimologicamente, significa aquela que provém de *templo*. Por um lado, Maria recebe a graça da Trindade, puro dom. Por outro, torna-se *templo do Espírito*. Assim, contemplada pelo Espírito Santo, fez-se seu templo. Tal versão supera tanto o funcionalismo, que vê Maria como um mero e insignificante instrumento nas mãos de Deus, como o maximalismo, que projeta em Maria a figura de uma semideusa, cheia de poderes do Altíssimo. A graça, que é relação com a Trindade, se realizou na vida de Maria como dom, acolhimento e crescimento.

Ainda no versículo 28, o anjo diz: *O Senhor está contigo*. No Antigo Testamento, tal expressão era exclusivamente usada para quem Deus designava um projeto especial.[6] Maria é apresentada na linha dos grandes homens do Antigo Testamento. Ela ocupa um papel dinâmico e único na história de Israel e, por conseguinte, na história da salvação. Na profundidade dessas palavras está o projeto do Pai para estabelecer seu Reino por meio de seu Filho Jesus. Trata-se da resposta de Deus à esperança messiânica do Reino.

No versículo 29, descreve-se a perplexidade de Maria diante da saudação angélica. Ela quer entender o que está ocorrendo. No versículo 30, está a resposta do anjo justificando o fato de Maria ser contemplada pela Trindade, exortando-a a não temer. Eis um conselho típico dos relatos de anúncio e de missão que dá pleno sentido aos fatos. No versículo 31, anuncia-se que ela conceberá e dará à luz um filho que se chamará Jesus, que significa: *Deus salva*. Refere-se à identidade e missão dele com perspectiva messiânica: Filho do Altíssimo e herdeiro do trono de Davi (v. 32).

No versículo 34, encontra-se a interrogação de Maria: "Como se fará isso, se eu não conheço homem algum?". O termo *conhecer* indica que Maria não teve relação sexual com nenhum homem. O verbo, no presente, refere-se a uma situação atual, existencial. Maria representa toda pessoa que se dispõe a escutar os mistérios de Deus. Sua acolhida não a impede de fazer perguntas diante do imperscrutável desígnio divino: "Como se fará isso? Não conheço homem!". Não é

---

[6] Cf. Isaac (Gn 26,3.24), Jacó (Gn 28,15), Moisés (Ex 3,11ss; 4,12), Josué (Js 1,5; 3,7), Gedeão (Jz 6,12).

uma manifestação de dúvida, mas uma atitude de quem se coloca diante do Senhor e pretende percorrer sua via.

A resposta de Gabriel expressa dimensões trinitárias: "O Espírito Santo virá sobre ti e o poder do Altíssimo te cobrirá". Tal afirmação evoca a nuvem mencionada no relato da Transfiguração no Tabor (Lc 9,34) e o Espírito Santo que vem sobre Jesus no momento do seu Batismo (Lc 3,21). São ocasiões muito importantes da vida de Jesus. Assim, Lucas considera Maria como a nova Arca da Aliança. Da mesma forma como, no Antigo Testamento, o Espírito de Deus desceu sobre aqueles que construíram a Arca,[7] no Novo Testamento é o Espírito que desce para preparar a nova Arca: a Virgem de Nazaré. Com o verbo *cobrir* recorda-se, também, a nuvem da glória de Deus que paira sua sombra sobre o tabernáculo no deserto (Ex 40,35; Nm 9,18.22).

A resposta do anjo da anunciação é decisiva: "Nada é impossível a Deus". Ele pode superar toda ordem natural. A resposta não sacia a curiosidade humana, apenas pede um voto de maior confiança. Com as palavras de Gabriel, o próprio Deus interpela Maria. Ela deverá cumprir essa missão sem a participação de homem. Não haverá um esposo humano nessa gravidez. Mas isso não significa que a relação entre Deus e Maria seja de esposo e esposa. No relato não há indícios de uma relação nupcial. Deus aparece com uma majestosa transcendência diante de Maria e, ao mesmo tempo, com uma proximidade gratuita. É o Deus tão distante e tão próximo que ela experimenta como seu Senhor. Ele não deixa de ser Deus ao consultar uma criatura para que, na sua

---

[7]   Cf. Ex 28,3; 31,3; 35,31.

liberdade, possa participar da maior história de amor que a humanidade já conheceu: a Encarnação do Verbo de Deus.

No versículo 38, encontramos a resposta de Maria: "Faça-se em mim segundo a tua palavra". Essa não é uma atitude de passividade diante do que fora determinado. Aqui se revela que ela não era uma moça tímida e frágil, pois o seu sim é corajoso, fruto da liberdade e decisão de alguém capaz de responder a um chamado tão especial. Sua submissão e docilidade ao Senhor têm um caráter ativo de quem responsavelmente assume as consequências de dizer "sim" a Deus. A reflexão sobre a resposta do anjo permite colher duas dimensões fundamentais: tudo permanece mistério da Trindade, mas a resposta humana se traduz no serviço e no cuidado humano: visitar Isabel, acolher a criança, ajudar José a aceitar a nova situação. Sem compreender tudo, mas acolhendo o mistério que a visita, Maria responde: "Faça--se!". Trata-se de uma adesão ao projeto divino numa entrega sem restrições ou condicionamentos. É o abandono total, é o esvaziar-se de si para dar espaço para Deus em sua vida. O "sim" de Maria ao Senhor determinou o seu "não" ao sistema social da época, exigiu romper com aquela cultura e rejeitar algumas pretensões meramente pessoais e familiares. Tal atitude é diferente do "Faça-se a tua vontade" de Jesus no Jardim das Oliveiras (Lc 22,42) e da oração do Pai--Nosso (Mt 6,10), onde se diz "seja feita a vossa vontade". Pois no Pai-Nosso e na oração do jardim o texto grego tem um imperativo aoristo, já em Lc 1,38 apresenta o optativo, que pode ser traduzido unicamente como um desejo sério ou uma súplica. Seria a expressão do desejo de Maria para que se cumprisse o que o anjo estava anunciando. Não é apenas consentimento, é forte intenção de colaborar para que se realizasse o que fora prometido.

O Deus trino na perspectiva de Maria

É no *Magnificat* que Lucas expressa a relação entre Maria e o Deus que a chama. No cântico de Maria, ele é o "Senhor" (Lc 1,46), ele é "Deus, meu Salvador" (Lc 1,47), "o onipotente, que nela fez grandes coisas" (Lc 1,49), o "santo" (Lc 1,49), "o misericordioso, de geração em geração" (Lc 1,50), "aquele que olhou para a pequenez de sua serva" (Lc 1,48). Revela-se, assim, o Deus transcendente e próximo que se expressa como graça para os pobres e humilhados. O Deus que Maria canta no *Magnificat* é aquele com o qual ela estabelece uma profunda dependência e obediência, como exprimem as palavras: senhor, serva, salvador e humildade.

O Deus de Maria é o libertador, o salvador, é o Deus do Reino. É para participar do acontecimento salvífico que ela se sente chamada à maternidade. Ao dizer "Sou a serva do Senhor, faça-se em mim [...]" (Lc 1,38), Maria expressa sua adesão à vontade de Deus. Essa resposta pode ser compreendida no paralelismo entre a anunciação e o *Magnificat*, conforme o Evangelho escrito por Lucas: Gabriel diz a Maria: "*Alegra-te*" (1,28), e Maria responde: "O meu espírito se alegra em Deus" (1,47); o anjo proclama: "Encontraste graça diante de Deus" (1,30), e ela canta: "Ele olhou para a pequenez de sua serva" (1,48); o mensageiro lhe indica: "Lhe darás o nome de Jesus" (1,31), e Maria se alegra em Deus "meu salvador" (1,47); é dito que o seu Filho "será grande" (1,32), e ela exclama: "A minha alma engrandece o Senhor" (1,46).

129

MARIA NO CORAÇÃO DA IGREJA

Gabriel anuncia que o seu Filho reinará para sempre sobre a casa de Jacó e o seu reino não terá fim (1,33), e Maria canta a grandeza do reino no qual os poderosos serão derrubados de seus tronos e os humildes serão exultados (1,51-53).

Maria reconhece, assim, que está plena de graça (1,28), porque o Todo-poderoso fez nela grandes coisas (Lc 1,49). O anúncio do reino eterno é compreendido por Maria como a realização da misericórdia em favor de Abraão e da sua descendência para sempre (Lc 1,55). Biblicamente, é mediante seu "Faça-se" que Maria plenifica sua vocação de serva do Senhor e aceita, pela fé, uma situação incompreensível aos olhos humanos: uma virgem conceberá (Lc 1,34). Dessa forma, cumpre-se na Mãe do Messias um ato de fé que ultrapassa o nível pessoal: Maria assume, de forma corporativa, toda a esperança de Israel e proclama seu "sim" incondicional àquele para quem tudo é possível. Ela representa o novo Israel, que gera Cristo pela fé e obediência ao Pai. O velho Israel não conseguiu cumprir a plenitude da Aliança por causa da incredulidade e desobediência. Com a aceitação da jovem filha de Sião, inicia-se uma nova e eterna Aliança na ordem da Redenção do gênero humano.

Para o Filho do Altíssimo, ela será a mãe. O evangelista Lucas acentua a atitude de total serviço de Maria em relação ao Filho; é o que se verifica na expressão "Eis a serva do Senhor" (1,38). Maria é a mãe do Messias, daquele que recebe o predicado divino de *Senhor*. Ela é a mãe do *Kyrios*, a Mãe de Jesus Cristo, o Senhor. Nas palavras de Lucas, Maria é antes de tudo a serva do Senhor, aquela que merece se tornar sua mãe. Ela é descrita como protótipo do servo bom e fiel, sempre pronto para cumprir a vontade do Senhor. Por isso ela

130

A Trindade e a Virgem Maria

será recompensada: sobre a serva do Senhor descerá o Espírito Santo (At 2,18; 1,14; 2,1-4).

O anjo Gabriel anuncia a Maria uma relação de maternidade com o futuro Messias; porém a vocação da Virgem de Nazaré será enriquecida com novos aspectos quando Jesus lhe fizer o apelo de segui-lo. Tornar-se-á, então, mãe e discípula do seu Filho, porque reconhecerá nele o Senhor a quem serve.

Gabriel anuncia que o Espírito Santo descerá sobre Maria, e aquele que dela nascer será santo, chamado filho de Deus (Lc 1,35). O Espírito será enviado para consagrar Maria e para habitá-la, como sacrário vivo. Nela se realiza o maior prodígio já visto sobre a terra: a virgem concebe e dá à luz o Emanuel (Is 7,14). O Espírito cobre Maria com sua sombra, consagrando seu seio virginal com a presença daquele que outrora era reconhecido como o habitante do Santo dos Santos. Ele mesmo faz do seio de Maria uma *shekiná*, uma tenda para sua morada. Não mais um templo feito por mãos humanas, mas a carne da Virgem Filha de Sião torna-se o santuário mais excelso para o Filho da Santíssima Trindade habitar na carne. Maria não se torna o Tabernáculo do Espírito Santo por ser virgem, mas é virgem para se tornar o Tabernáculo do Espírito que a envolve com sua sombra luminosa, para gerar o Filho amado do Pai. Em resumo: a virgindade de Maria não tem fim em si mesmo, mas está a serviço da ação do Espírito Santo.

Maria é ungida pelo Espírito para realizar a missão de uma maternidade impossível aos olhos humanos; com ela se dá início à nova criação. Essa consagração não é feita sem o consentimento de Maria, pois ela é vista como pessoa aos olhos de Deus; como sujeito livre e responsável diante do que lhe é proposto. Aqui vale lembrar o que escreveu São Paulo:

131

"Onde está o Espírito do Senhor há liberdade" (2Cor 3,17). O Espírito não é uma força anônima que anula o sujeito em vista de um projeto divino. Ele é muito mais uma força que liberta e jamais anula a singularidade da pessoa. Ele não despersonaliza, ao contrário, ele enriquece a personalização porque estabelece uma relação com o infinito, e assim a pessoa cresce no mais profundo do seu ser. A resposta de Maria à consagração do Espírito é uma docilidade total. No Pentecostes, ela aparece no meio da comunidade que reza e suplica para que se cumpra a promessa do Espírito.

A comunhão

Gabriel anunciara a Maria que seu filho seria chamado Filho de Deus, é uma expressão paralela ao versículo 32, em que o anjo diz que Jesus será chamado Filho do Altíssimo. A partir desse versículo, queremos tratar do desdobramento da relação de Maria com a Trindade, na afirmação dogmática *Mãe de Deus*.

Maria entra para a história da salvação com um singular lugar: sua maternidade divina. Por ser a *Theotókos*, Maria é a mulher trinitária. Como *Theotókos*, Maria está imediatamente unida à divindade do Filho. Graças à natureza humana de Cristo, dela assumida, todas as outras criaturas também podem estar unidas a ele e assim receber dele a salvação.[8] São Paulo relaciona a missão do Filho de Deus ao seu nascimento gerado de uma mulher (Gl 4,4). Lucas a denominará

---

[8] GAMBERO, Cronaca del congresso, p. 453.

Mãe de Jesus (At 1,14), que, mesmo sendo virgem, gerará o filho por obra do Espírito Santo (Lc 1,35). Isabel a aclamará *Mãe do meu Senhor* (Lc 1,43). No Evangelho de João, Maria nunca é indicada pelo seu nome (Miriam), mas sempre pela sua missão: mãe. Esse título é abordado cinco vezes em cada uma das duas cenas cristológico-mariológicas: em Caná (Jo 2,1.3.5) e no Calvário (Jo 19,25-27). Na cruz, Maria adquire uma nova maternidade, totalmente vinculada aos discípulos de Jesus e, por extensão, à humanidade.

A maternidade possibilita uma união íntima e absoluta de Maria com seu filho. A humanidade de Jesus é toda de Maria; de sua carne o Verbo formou o seu corpo. O dogma da maternidade divina foi formulado no Concílio de Éfeso em 431. Tem uma precisão teológica que exclui toda falsa compreensão do título de genitora de Deus. O título não implica dependência ou submissão do divino ao humano. Maria não é a genitora da divindade, mas é a mãe do Verbo que se fez carne. O documento conciliar assim se expressa:

> Assim [os Santos Padres] não duvidaram em chamar genitora de Deus a Santa Virgem, não no sentido de que a natureza do Verbo e a sua divindade tenham tomado da Santa Virgem o princípio do ser, mas no sentido de que o Verbo se diz nascido segundo a carne, tendo tirado dela o santo corpo aperfeiçoado pela alma racional, ao qual era unido segundo a hipóstase.[9]

A fórmula dogmática *Mãe de Deus* baseia-se na saudação de Isabel dirigida à sua parenta como *Mãe do Senhor*. A fé professada reconhecerá Maria como a genitora de Deus,

---

[9] *DS*, 251.

MARIA NO CORAÇÃO DA IGREJA

garantindo que em Jesus não pode haver separação entre a natureza humana e a divina. Ambas encontram-se unidas na única pessoa do Verbo de Deus feito carne. Nesse sentido, o dogma mariano presta o serviço de confirmação ao dogma cristológico. O termo grego assumido para definir tal maternidade foi *Theotókos* (*Mãe de Deus*).

Maria é, portanto, duplamente mãe, porque, antes de gerar Cristo na carne, concebeu-o na fé.[10] Nela, a maternidade transcende os limites biológicos e humanos. Ela não gerou Deus, como Trindade Santa, mas, por sua fé e obediência, possibilitou que o Filho de Deus se encarnasse em seu seio. A missão do Espírito Santo, na concepção de Jesus no seio de Maria, elimina qualquer suspeita mitológica. Evita, portanto, qualquer hipótese de mitos em que um deus fecunda uma mulher. Maria forma o corpo de Jesus sem nenhuma outra influência humana. A singularidade dessa geração e desse nascimento manifesta que o Filho não provém da Terra, mas do céu, apenas de Deus. Somente por meio de Maria Deus se encarna, se faz homem e assume a corporeidade. Ele, que criou o ser humano *capax Dei* (apto para Deus), demonstrou ser, por sua vez, *capax hominis* (adaptável ao ser humano).[11]

A relação de Maria com Jesus remete à plenitude da relação criatura e Criador. Estabelece, entretanto, uma nova forma de vínculo. A criatura deve cuidar do Deus-criança, nos braços da Mãe de Nazaré. Na ação cuidadora da Mãe do

---

[10] SANTO AGOSTINHO. *Sermo* 233, 3, 4: *PL*, 38, 1114.

[11] Cf. LAURENTIN, René. *Maria;* chiave del mistero cristiano. Milano: San Paolo, 1996. p. 19.

Senhor, há uma nova colaboração da humanidade na história da salvação: o ser humano pode cuidar e agir para que o Reino aconteça. Deus concede às pessoas o dom da participação no seu projeto salvífico. O Eterno sempre permanece autor e artífice da Redenção, e permite que suas criaturas atuem historicamente.

A Santíssima Trindade, na pessoa de Jesus e por meio de Maria, entrou na história. Assumiu tudo o que é humano, menos o pecado. A maternidade divina também faz de Maria a nova Eva. Em cada mulher Deus deixa transparecer seu rosto. Por fim, por meio dessa maternidade divina Jesus nos assume como irmãos, o que faz de Maria a mãe de todos os viventes.

A expressão *Mãe de Deus* remete ao Verbo de Deus, que, na Encarnação, assumiu a humildade da condição humana para elevar o homem à filiação divina. Proclama também a nobreza da mulher e sua altíssima vocação. Deus trata Maria como pessoa livre e responsável e não realiza a Encarnação de seu Filho senão depois de ter obtido seu consentimento.

Maria é a serva do Senhor, não apenas do seu Filho, mas do Deus trino. A sua eleição para ser a Mãe do Verbo encarnado é a origem de sua Imaculada Conceição, pois o Pai preservou do pecado original uma Mãe que fosse digna de seu Filho. Tal dignidade também lhe concedeu o dom da virgindade perpétua, que ela recebeu como tarefa no sentido mais profundo da fidelidade absoluta ao Senhor. Como prêmio dessa total pertença à Trindade, Maria foi acolhida na Glória. Em sua Assunção, encontramos a plenitude de todo seu ser envolvido na comunhão trinitária.

A missão

A jovem mulher, consciente de ser a serva do Senhor, enfrenta a aventura e o risco de ser a mãe não de um rei destinado à gloria política, mas do Filho de Deus, com toda a simplicidade e humildade. Ela acolhe o Filho mais como um Salvador que deve ser oferecido ao mundo do que como um tesouro para cuidar. Não é uma mãe possessiva. Ela deixará chegar os pastores e permitirá que Simeão o coloque em meio aos braços (Lc 2,28), respeitará a liberdade de Jesus. Nessa liberdade, Maria inaugura uma nova relação com Deus que se fez humano.

Com Maria, é preciso educar o olhar à contemplação. Só assim é possível sair de uma fé fechada sobre si mesma, que nasce do medo, ou fria, porque é mais tradição e cultura do que adesão total e incondicional ao Mistério. Sair de uma fé que entende a verdade apenas como uma série de afirmações que devem ser acreditadas e defendidas. Para Maria, a Verdade deve ser contemplada em Deus. A contemplação, entretanto, nasce da disponibilidade de deixar o Senhor falar, deixar que ele se mostre. O ato de contemplar, antes de ser o resultado de um esforço humano, é muito mais *dar espaço* para Deus. Ele se movimenta pela coragem do espírito humano de não presumir nem pretender saber tudo ou conhecer tudo. É um abandono nas mãos do Mistério, dirigindo-se a ele com simplicidade: *Mostra-me o teu rosto!*

Quando se contempla a Trindade, enxerga-se o mundo com outros olhos. As cores da vida sobressaem diante da opacidade da existência. Passa-se a ver a beleza do pequeno e do simples e o horror colorido das estruturas que matam. Edu-

136

cando o olhar para ver as necessidades dos irmãos e irmãs, o cristão há de se alegrar com Jesus e louvar ao Pai, que se revela aos pequenos e humildes. Há de sofrer e chorar com Jesus diante de Jerusalém que não o acolhe. Há de chorar com Maria, lamentando a cultura da morte, que ainda impera no coração humano.

A Mãe de Jesus adquiriu essa propriedade de olhar o mundo com os olhos da Trindade na medida em que educou sua visão no convívio com Cristo:

> Algumas vezes será um olhar interrogativo, como no episódio da perda no templo: *Filho, por que nos fizeste isto?* (Lc 2,48); em outro caso, será um olhar penetrante, capaz de ler no íntimo de Jesus, a ponto de perceber seus sentimentos escondidos e adivinhar suas decisões, como em Caná (Jo 2,5); outras vezes, será um olhar doloroso, sobretudo ao pé da cruz, onde haverá, ainda, de certa forma, o olhar da parturiente, pois Maria não se limitará a compartilhar a paixão e a morte do Unigênito, mas acolherá o novo filho a ela entregue na pessoa do discípulo predileto (Jo 19,26-27); na manhã da Páscoa, será um olhar radioso pela alegria da Ressurreição e, enfim, um olhar ardoroso pela efusão do Espírito no dia de Pentecostes (At 1,14).[12]

A relação do cristão com Maria se dá pela comunhão dos santos, por meio da qual ela se une a Deus e à humanidade. Nessa comunhão, a Mãe de Jesus continua a servir os outros, como fazia em Nazaré. Sua vida era descentralizada, isto é, ela não se considerava o centro, estava a serviço dos outros. Junto da Trindade ela exerce a mesma função, participando especialmente da Redenção que seu Filho e Senhor realiza sobre a humanidade. Tal como fez na Terra, Maria continua

---

[12] JOÃO PAULO II. *Rosarium Virginis Mariae*. São Paulo: Paulinas, 2002. p. 10.

137

apontando os caminhos de libertação e salvação para todos os que desejam colaborar com o projeto do Reino. Essa é sua missão no coração da Trindade.

O vínculo unitivo de Maria com a Trindade não tem caráter apenas espiritual, ele faz parte de todo o ser e agir da Mãe de Jesus. Ela não está confinada numa dimensão meramente religiosa, mas integra todas as dimensões de sua vida para realizar a vontade do Pai. Ela realiza de modo extraordinário e eficaz os valores humanos e femininos de sua condição, e exorta cada mulher e cada homem a entrarem nesse caminho. Seu itinerário é aplicável a todo gênero humano: homem e mulher são vocacionados a viver a plenitude de seus dias, encontrando o sentido da vida no serviço livre e disponível ao Criador.

Lucas apresenta Maria como a ouvinte da Palavra de Deus, que acolhe e medita em seu coração os projetos do Pai (Lc 2,19). Ela faz parte daqueles que Paulo chama de colaboradores de Cristo (1Cor 3,9). Por meio de Maria tudo vem de Deus e a ele volta: "Podemos rezar para ela, contar com sua intercessão, pedir sua proteção e auxílio e entregar-nos nas suas mãos. [...] A graça que Maria nos dá não vem dela e ela nada segura para si".[13]

Enfim, a Mãe de Deus testemunha o destino-futuro da humanidade no Cristo Total (Ef 1,10). Enquanto estamos mergulhados nas fraquezas humanas, Maria é nossa intercessora. Ela se apresenta em nossa vida não apenas para escutar as súplicas que se elevam em cada santuário, ou para atender as nossas necessidades terrenas. Sua principal missão é tor-

---

[13] CNBB. *Com Maria rumo ao novo milênio*. São Paulo: Paulinas, 1998. p. 18.

nar-nos ressuscitados, herdeiros do Reino do Pai, anunciado por Cristo e revelado no Espírito. Cada vez que Maria acolhe nossas súplicas e louvores, ela exerce sua maternidade pascal em vista da grande conformação de todos a Cristo. Ela é o grande farol que ilumina a caminhada da humanidade rumo à pátria trinitária.

Referências

CNBB. *Aparições e revelações particulares*. São Paulo: Paulinas, 1990. Documento n. 11.

_____. *Com Maria rumo ao novo milênio*. São Paulo: Paulinas, 1998.

AMATO, A. *Maria e la Trinità*. Milano: San Paolo, 2000.

BARTOLI, Luciano. *Lessico di simbologia mariana*. Pádua: Gregoriana Libreria e Editrice, 1988.

BERNARDO DE CLARAVAL. *Sermões para festas de Nossa Senhora*. Petrópolis: Vozes, 1999.

BINGEMER, Maria Clara L. *Maria, Mãe de Deus e mãe dos pobres*. Petrópolis: Vozes, 1987.

BRUSTOLIN, L. A. *Maria; símbolo do cuidado de Deus*. São Paulo: Paulinas, 2003.

_____. Santuários: caminhos de contemplação da beleza de Deus. *Teocomunicação*, Porto Alegre, v. 37, n. 156, p. 231-239, 2007.

COMBY, J. Pieté mariale et mariologie de la revolution a Vatican II. *Lumière et Vie* 189, 1988.

DE FIORES, Stefano. *Dicionário de mariologia*. São Paulo: Paulus, 1995.

_____. *Los caminos del Espíritu con María*. Madrid: San Pablo, 1998.

ENGRACIAS, Vidal Estévez. María en el cristianismo actual. *Seleciones de Teología*, Barcelona, v. 49, n. 194. p. 83-93. 2010.

FORTE, B. *Maria, a mulher ícone do mistério*. São Paulo: Paulus, 1991.

GAMBERO, L. Cronaca del congresso. *Marianum. Ephemerides Mariologiae* LXII, Roma, n. 157-158, 2000.

GONZÁLEZ, Carlos Ignacio. *Maria evangelizada e evangelizadora*. São Paulo: Loyola, 1997.

JOÃO PAULO II. *Redemptoris Mater*. Disponível em: <http:// www.vatican.va/holy_father/john_paul_ii/encyclicals/documents/hf_jp-ii_enc_25031987_redemptoris-mater_po.html>.

_____. *Rosarium Virginis Mariae*. São Paulo: Paulinas, 2002. Disponível em: <http://www.vatican.va/holy_father/john_paul_ii/apost_letters/documents/hf_jp-ii_apl_20021016_rosarium--virginis-mariae_po.html>.

LAURENTIN, R. *Maria;* clave del misterio cristiano. Madrid: San Pablo, 1996. Tb.: *Maria;* chiave del mistero cristiano. Milano: San Paolo, 1996.

_____. *Tutte le genti mi diranno beata*. Bologna: Dehoniani, 1986.

_____ et al. *Nossa Senhora na "Lumen Gentium"*. Caxias do Sul: Paulinas, 1969.

MONTFORT, Luigi Maria Grignion. *La vera devozione*. Roma: Montfortane, 2000.

MURAD, Afonso. *Quem é essa mulher? Maria na Bíblia*. São Paulo: Paulinas, 1996.

PAULO VI. *Marialis Cultus*. Disponível em: <http://www.vatican. va/holy_father/paul_vi/apost_exhortations/documents/hf_p--vi_exh_19740202_marialis-cultus_po.html>.

SCHILLEBEECKX, Edward; HALKES, Catharina. *Maria, ieri, oggi, domani*. Brescia: Queriniana, 1995.

Maria no diálogo ecumênico

*Marcial Maçaneiro**

Introdução

Há quarenta anos o diálogo ecumênico internacional tem acolhido Maria como tema de sua agenda teológica. O que poderia ser, aparentemente, um tema-limite se tornou oportunidade de encontro, estudo e aprimoramento de nossas compreensões sobre a redenção e a graça, Cristo e a Igreja. Isso se verificou especialmente no diálogo católico-reformado e católico-evangélico, em geral, já que as Igrejas do Oriente (armênia, copta, antioquena, assíria e greco-ortodoxa) reconhecem conosco o ministério específico da Mãe de Jesus e a veneram liturgicamente.

A teologia católica e o magistério eclesial sabem que há enfoques biblicamente coerentes para a Mariologia, dentro das coordenadas dogmáticas da Teologia da Graça, da Sote-

---

* Doutor em Teologia pela Pontifícia Universidade Gregoriana de Roma. Vice-diretor-geral da Faculdade Dehoniana, onde leciona e coordena o bacharelado em Teologia. Autor e conferencista, com atuação no meio educacional, pastoral e ecumênico. Membro da Comissão Internacional de Diálogo Católico-Pentecostal junto ao Pontifício Conselho para a Unidade dos Cristãos (Santa Sé).

MARIA NO CORAÇÃO DA IGREJA

riologia e da Eclesiologia. Isso tendo por centro a pessoa e o mistério de Jesus Cristo – autor da graça, redentor universal e único mediador entre Deus e a humanidade (cf. 1Tm 2,4-5; Hb 12,2.24). Situar Maria dentro dessas coordenadas é garantir-lhe o justo lugar, ajudando não só os evangélicos – mas também os católicos – a compreenderem o papel de Maria no plano de Deus, como primeira dentre os remidos do Novo Testamento e discípulo fiel do próprio filho Jesus.

Importa recordar especialmente que, para a doutrina católica, Maria não é uma personagem biográfica, mas sim uma *figura protológica*: a teologia e a liturgia não veem Maria do ponto de vista histórico-factual, com base na sua suposta biografia e trajeto individual, mas a contemplam do ponto de vista histórico-salvífico, com base na sua exemplaridade de serva e discípula, enquanto *typos*, *ícone* ou *figura exemplar* da própria Igreja. Isso se verifica nas narrativas bíblicas em que Maria representa a comunidade crente, fiel e discipular, expressando em sua pessoa as atitudes exemplares de fé, esperança e caridade. Não estamos, portanto, diante de um dado biográfico, mirando uma mulher heroica de infinitos méritos, mas sim diante de uma *figura protológica* em quem se antevê a plenitude da graça: Maria anuncia, desde seu lugar no plano da salvação, o operar salvador de Deus para toda a humanidade, a começar da comunidade dos discípulos – onde ela mesma se insere (cf. Mc 3,33-35; At 1,14).

É nesta perspectiva que se fundamenta a dogmática católica, que vai traduzir os grandes momentos de nossa salvação como eventos já realizados – pela graça de Cristo – na pessoa desta mulher que foi sua mãe e também discípula. Semelhantes a ela, também nós fomos lavados na mácula original pelas

142

águas do Batismo (1Cor 6,11; Ef 1,4; Tt 3,5: *imaculados*); também nós fomos elevados pela graça e um dia seremos plenamente assumidos na glória de Deus (Mt 25,31-34; Jo 14,2-3 At 7,55-56; Cl 3,4: *assuntos na glória*). Nela a Igreja vê seu próprio rosto, em luz escatológica, como num ícone excelente: *serva*, *discípula* e *mãe* são qualidades da Igreja, exemplarmente percebidas em Maria (cf. Lc 1,38; Jo 2,5; Jo 19,27). Isso é esclarecido pela Comissão Teológica Internacional:

> A Igreja e o Reino encontram a sua mais alta realização em Maria. Que a Igreja seja já a presença do Reino em mistério, resulta evidente de modo definitivo partindo de Maria, morada do Espírito Santo, modelo de fé e figura exemplar da Igreja. Por tal motivo, o Concílio Vaticano II afirma a respeito dela: "A Igreja já atingiu a perfeição, pela qual existe sem mácula e sem ruga" (cf. Ef 5,27) [*Lumen gentium*, n. 65]. A Mãe de Jesus "é a imagem e o começo da Igreja como deverá ser consumada no tempo futuro" [*Lumen gentium*, n. 68].[1]

Reconhecer Maria biblicamente como *protologia* (figura exemplar) da Igreja é fundamental para nossa compreensão de sua pessoa e de seu duplo ministério no plano de Deus, como *mãe* do Redentor e, em seguida, sua *discípula*. "Grande por ter sido a Mãe de Jesus; maior ainda por ter-se tornado discípula do próprio filho", dizia Agostinho. Seja na Bíblia, seja na liturgia, Maria está sempre referida a Jesus, como lua voltada para o sol, de quem recebe luz e a partir de quem a reflete. Tal é abordagem da *Lumen Gentium*, da *Marialis Cultus* e do *Documento de Aparecida*.

---

[1]   COMISSÃO Teológica Internacional. Temas escolhidos de eclesiologia. *SEDOC* 18 (1986) n. 10.4, colunas 964-966. Onde traduzimos "figura exemplar" o documento diz, em inglês, *realsymbol* = símbolo real.

Até mesmo os dogmas marianos – com sua linguagem litúrgica inspirada na teologia da graça – são todos referidos soteriologicamente a Jesus. Cada dito sobre Maria preserva uma verdade sobre o Verbo Encarnado, de quem ela foi mãe, sem deixar de ser a primeira servidora (cf. Lc 1,38.48). Quando lemos os dogmas marianos referidos unicamente a Maria, caímos no equívoco de interpretá-los de modo excludente, como se Maria fosse sua chave de leitura suficiente. Em vez disso, devemos ler os dogmas marianos com referência *a Jesus* (sua pessoa e mistério): então descobrimos que neles se inclui a humanidade redimida, pois sua chave de leitura é a obra universal da graça, que Jesus consumou no Mistério Pascal.

A falta dessa compreensão – além de problematizar a devoção mariana em geral – acarreta olhares limitados sobre a pessoa de Maria, incapazes de perceber sua conexão com o mistério da salvação realizado por Jesus Cristo. É daí que surgem equívocos e incoerências, altamente complicadores para a catequese, o culto e a devoção popular. Por outro lado, olhar Maria sob a luz de Cristo – como figura exemplar da Igreja, em quem já se realiza a plenitude escatológica da graça – nos aproxima das narrativas bíblicas, esclarece o sentido pascal das celebrações marianas e confere coerência doutrinal à devoção das comunidades.

Logo, podemos afirmar que a compreensão bíblica e soteriológica de Maria – sempre referida ao filho Jesus – não só favorece a unidade dos cristãos com relação à Mãe do Senhor como esclarece aos próprios católicos o ministério desta mulher no plano de Deus e seu lugar singular na fé da Igreja. Afinal, antes de ser considerada uma "santa católica" Maria é,

144

acima de tudo, uma "mulher evangélica" – no sentido pleno do termo.

Daí os desenvolvimentos recentes da Mariologia no mundo anglicano, reformado e até pentecostal, como veremos a seguir. Pois o diálogo ecumênico sobre Maria não tem um compromisso primeiro com os dogmas católicos, mas parte antes da figura bíblica de *Miriam ben Dawid shel Nazaret* – Maria, filha de Davi, de Nazaré. A partir das Escrituras se discerne o ministério dela como mãe e discípula de Jesus (tema de alto valor para reformados e evangélicos). Depois, então, temos as chaves teológicas favoráveis para se reler os dogmas marianos à luz da Revelação, aproximando as perspectivas evangélicas e católicas daquelas anglicanas e ortodoxas.

Para conhecer os resultados desse diálogo, propomos a três partes temáticas, cada qual com seus tópicos:

I – *Maria no diálogo ecumênico internacional:* abordagens e convergências ecumênicas sobre Maria, resultantes de instâncias internacionais (Santa Sé, Sínodo Ortodoxo, Conselho Mundial de Igrejas, Comunhão Anglicana, Federação Luterana Mundial e outras federações confessionais).

II – *Maria no diálogo ecumênico local-bilateral:* convergências e declarações conjuntas sobre Maria, resultantes dos diálogos locais (por região ou país) entre duas Confissões cristãs (diálogo católico-ortodoxo, católico-anglicano, católico-luterano, católico-pentecostal etc.).

III – *Convergência anglicano-católica sobre Maria:* documento recente, intitulado "Maria, graça e esperança em

Cristo". Além de ser uma declaração conjunta das Comunhões católica e anglicana, este documento tem papel estratégico no diálogo sobre Maria para outras Igrejas reformadas, evangélicas e pentecostais. Por isto damos a ele um destaque nestas páginas.

Avisamos que os números indicados entre parênteses (n.) indicam os parágrafos dos documentos, conforme suas edições.[2]

I – Maria no diálogo ecumênico internacional

1. Diálogo católico-anglicano 1981: *A autoridade na Igreja II* (n. 132)

- Há um só Mediador entre Deus e a humanidade, Jesus Cristo.

- A compreensão cristã a respeito de Maria deve sempre referir-se a Cristo e à Igreja.

- Maria tem uma vocação e uma graça única enquanto genitora do Filho de Deus encarnado (= *Theotókos*).

- Maria ocupa um lugar de honra na Comunhão dos Santos e, como tal, é lembrada na liturgia anglicana.

- A graça divina preparou Maria para ser mãe de Cristo.

---

[2] As edições dos documentos ecumênicos sobre Maria, bem como outras fontes importantes, estão indicadas no final deste artigo, nas *Referências*.

- A redenção do próprio Cristo salvou Maria e a assumiu na glória do céu.

- Maria é modelo de santidade, obediência e fé para todos os cristãos.

- Maria é figura profética da Igreja, antes e depois da Encarnação.

- Contudo, os dogmas sobre sua concepção imaculada e sua assunção na glória celeste trazem algumas dificuldades: pede-se que se aprofunde as raízes bíblicas desses dois dogmas católicos.

- Há também que se cuidar em não superdimensionar os dogmas marianos por si mesmos (como se fossem autorreferidos), mas tematizá-los em conexão com as proclamações mais fundamentais da fé cristã (afinal, são referidos soteriologicamente a Jesus Cristo).

2. Diálogo anglicano-ortodoxo 1984: *Relatório de Dublin* (n. 506 e 519)

- Em Cristo, cabeça e chefe da Igreja, unem-se todos os remidos. Desse modo, não há divisão entre a Igreja na terra (militante) e a Igreja no céu (triunfante); assim, o ano litúrgico comporta festas da bem-aventurada Virgem Maria – Mãe de Deus Filho – e dos santos: "Excelente é o Senhor em seus santos".

- A bem-aventurada Virgem Maria teve um papel peculiar no plano da salvação, pelo fato de ter sido escolhida para ser a mãe de Cristo nosso Deus: este foi seu primei-

MARIA NO CORAÇÃO DA IGREJA

ro ministério. Assim, sua intercessão não é autônoma, mas pressupõe a intercessão de Cristo e se fundamenta na ação salvífica do Verbo encarnado.

3. Diálogo católico-metodista 1971: *Relatório de Denver* (n. 1934)

- Constata-se a importância do tema, mas se remete para estudos ulteriores.

4. Diálogo batista-católico 1988: *Relatório do diálogo bilateral* (n. 581s)

- Dificuldades no atual momento: a) A devoção mariana parece colocar em dúvida a obra mediadora exclusiva de Jesus como Senhor e Salvador (cf. 1Tm 2,5). b) As doutrinas marianas – como, por exemplo, imaculada concepção e assunção na glória, que os católicos proclamam como infalíveis e críveis como dogma de fé – parecem ter pouco fundamento explícito na Bíblia. Constata-se, contudo, que os católicos entendem que a devoção a Maria não compromete o papel único de Cristo Mediador enquanto se enraíza na relação íntima de Maria com Jesus, relação que reflete o lugar constante de sua mãe na história da salvação – o que teria base no Novo Testamento.

- Pede-se aos católicos que procurem compreender os sérios problemas que a devoção e a doutrina mariana propõem aos batistas.

148

- Pede-se aos batistas que procurem compreender as razões bíblicas e teológicas da doutrina e devoção mariana dos católicos, bem como sua importância na piedade popular e na prática religiosa.

- Diante da longa história de incompreensões e das tematizações muitas vezes sutis da teologia inerente à doutrina mariana, não esperamos que ocorra consenso num futuro próximo. Enquanto isso, aprofundaremos nossas convicções comuns, para um testemunho conjunto do Evangelho.

5. Diálogo católico-evangelical 1984: *Documento conjunto sobre a missão – Apêndice especial: "O papel de Maria no plano da salvação"* (n. 1132-1143)

- Tema estudado na Segunda Seção do diálogo católico--evangelical (*Encontro II*), ainda delicado no contexto da soteriologia. Apesar disso, ambos os lados buscam abordar o tema na caridade, em atitude de estima recíproca, para que a luz do Evangelho brilhe em nossas Igrejas.

- Os católicos reconhecem que a doutrina mariana é um fato pós-apostólico, mas cujo desenvolvimento tem continuidade legítima com as Escrituras (fato comprovado pela grande Tradição da Igreja). Os evangelicais (de fundação mais recente e com uma teologia que valoriza os enunciados explícitos da Escritura) opinam que a doutrina mariana desenvolveu-se graças a uma interpretação que a Igreja Católica desenvolveu arbitrariamente, com o assentimento de suas autoridades pastorais: eis uma dificuldade de fundo.

- Estudo batista-católico sobre a encíclica *Marialis Cultus* (1974): maternidade salvífica de Maria = por meio dela, obediente à Palavra de Deus, entrou no mundo o Salvador; santa mãe de Deus = não autonomamente, mas porque foi santificada pelos méritos do próprio Cristo Redentor, que dela veio a nascer; associada ao Redentor = por ser sua mãe, única a cumprir este papel. Além disso, podemos dizer que – de certo modo – todos os que foram batizados estão "associados ao Redentor" pela graça do sacramento. Maria "medianeira" = sempre com um *múnus* subordinado ao de Cristo, pelo que "medianeira" (como também associada) não significa "igualdade", mas "participação" na obra de Cristo – único Mediador e Redentor.

- As explicações aliviaram receios, mas permanece o problema da linguagem teológica: diante da pouca base bíblica explícita. Diante do material patrístico e conciliar que, porém, não é comum a Igrejas mais recentes; diante da necessidade urgente de contínuas e intrincadas tematizações teológicas; diante da distância entre doutrina e assimilação prática na devoção popular, os batistas perguntam se é salutar que os católicos continuem a falar de Maria com os vocábulos "medianeira", "mãe em sentido salvífico" e "associada ao Redentor".

- Sugere-se que se busque maior clareza doutrinal, bem como a preferência progressiva por uma linguagem mais bíblica e cristocêntrica, que evite os equívocos e remedie abusos na pregação, na catequese e nas devoções.

6. Diálogo católico-metodista 1986: *Relatório de Nairobi* (n. 1653)

- Não foram estudados os dogmas da imaculada concepção da Virgem Maria nem da assunção. Para os metodistas – ainda que estes dogmas sejam verdadeiros –, não deveriam "obrigar" a fé, sendo que o essencial da Revelação se encontra nos enunciados cristológicos, tal qual podemos ouvir das Sagradas Escrituras. De qualquer modo, há espaço para estudos posteriores.

7. Diálogo católico-pentecostal 1984: *Documento final sobre teologia e espiritualidade – Perspectivas sobre Maria* (n. 2113-2131)

- Abordagem em três pontos: a) a doutrina mariana em si mesma; b) o método teológico com o qual ela se argumenta; c) as consequências práticas na fé do Povo de Deus.
- Dificuldades em se passar dos textos bíblicos (muito sóbrios) à doutrina mariana desenvolvida pela Igreja Católica; os pentecostais não tematizaram uma teologia que tenha Maria como *figura exemplar* da Igreja.

- Positivo foi reconhecer que os católicos, embora tenham dogmas, têm promovido um crescente aprofundamento bíblico das afirmações sobre Maria, bem como um cuidado pastoral maior quanto à prática devocional.

- Católicos e pentecostais concordam que o título de Mãe de Deus (no sentido original de *Deipara* ou *Theotókos*) é concorde com as Escrituras, tratando-se de uma afirmação eminentemente cristológica. Concordam com o uso histórico da palavra *Theotókos* (derivada do Concílio de Éfeso, 431 d.C.).

- Católicos e pentecostais concordam que Maria deve ser honrada como Mãe de Jesus, sendo também exemplo bíblico de humildade e virtude.

- Pentecostais reclamam dos excessos na devoção mariana.

- Católicos explicam que a devoção a Maria só é verdadeira se for cristológica.

- Pentecostais consideram dificilmente aceitáveis a doutrina da imaculada concepção e da assunção, por encontrarem escasso fundamento bíblico. Por outro lado, reconhecem Maria como mulher redimida pela graça de Cristo e membro inserido na comunhão da Igreja.

- Ainda quanto à assunção de Maria, verifica-se que falta aprofundamento da escatologia... Seria a *assunção* (conforme o sentido do verbo "assumir") uma forma de expressar a ressurreição já provada por Maria – à qual todos os redimidos são igualmente chamados em Cristo?

8. Diálogo entre ortodoxos bizantinos e antigas Igrejas orientais 1989: *Declaração cristológica comum* (n. 2650-2653)

- Ortodoxos bizantinos e orientais concordam que Maria seja *Theotókos* ou *Deipara* (= genitora de Deus Filho, na Encarnação do Verbo).

II – Maria no diálogo ecumênico local-bilateral

1. Diálogo anglicano-católico 1983, Canadá: Observações ao relatório final da Comissão Internacional Anglicana/ Católico-Romana (n. 197s)

- Historicamente, a definição moderna dos dogmas da imaculada concepção de Maria e de sua assunção deu-se num contexto de devoção católica, quando a maioria dos anglicanos (separados da Igreja Romana) não partilhava o mesmo estilo de espiritualidade. Daí nascem formulações muito particulares da doutrina católica; esperamos que o esclarecimento teológico revele o valor central dos dogmas, de tal modo que – havendo boa compreensão na *doutrina* – possamos superar as diferenças na *formulação* (e consequente expressão na prática devocional).

- Anglicanos e católicos acreditam que se possa receber "graças" e progredir na fé mediante a aproximação devota à Mãe de Jesus, experiência que muitos fiéis comprovam.

- Anglicanos compreendem que – em cada dogma mariano – exista um núcleo teológico que preserva verdades bíblicas sobre Jesus Cristo (*cristologia*), a Redenção da humanidade (*soteriologia*) e o mistério da Igreja (*eclesiologia*).

- Por isso, anglicanos adiantam aos católicos que não professam nada que contradiga aquelas verdades cristãs que os dogmas marianos procuram expressar.

- Anglicanos esperam chegar a um acordo sobre os elementos essenciais da mariologia, sem necessariamente aderir a um modelo devocional uniforme. Aliás, acreditam que a variedade das expressões devocionais pode ser positiva, desde que haja unidade nas verdades fundamentais da fé cristã.

2. Diálogo anglicano-católico 1983, EUA: *Homem e mulher, imagem de Deus – Reflexão conjunta sobre antropologia cristã* (n. 2217-2223)

- Anglicanos e católicos concordam que Maria é *Theotókos* (= genitora do Filho de Deus quanto à sua humanidade). Assim, é modelo único de santidade, considerada protótipo da humanidade redimida: Maria representa cada ser humano redimido, nela já vemos cumprida – de maneira plena e escatológica – a redenção que justificou a cada um de nós, cristãos.

- Bem compreendida, a doutrina da imaculada concepção de Maria afirma a iniciativa divina em redimir aquela que era destinada a ser a mãe do Salvador. Desde sempre Deus nos escolheu para sermos santos e imaculados no amor: é uma graça *in origine* (que marca a própria criação ou origem do ser humano). Nesse sentido, Maria "imaculada" não significa uma santidade autônoma, como se ela mesma fosse "divina" ou "pura" por virtude pessoal... Ao contrário: os católicos creem que – ao considerar Maria "imaculada" – isso se deve somente à graça que nela atuou, por causa dos méritos de Cristo: é por graça, com a graça e pela graça que ela é imaculada. Nós nos tornamos "imaculados" quando recebemos o Batismo, banho de regeneração que lava a mancha original. Maria recebeu a mesma graça, porém já ao ser concebida, e transcorreu toda a sua vida em posse desta graça.

- Foi com o auxílio da graça que Maria respondeu "sim" ao plano de Deus a seu respeito, com base nos méritos salvíficos de Cristo.

- A assunção significa que Maria foi "elevada pela graça", sendo "assumida" por Deus na glória escatológica.

- Anglicanos entendem que a assunção possa significar que Maria – na sua inteireza de criatura redimida – participe da glória celeste, porque Deus a assumiu desde o início de sua existência. Também no profeta Isaías se lê que "antes que tu nascesses eu te conheci e te escolhi".

Também Henoc e Elias foram assumidos (= *assuntos*) pela glória do céu (cf. Gn 5,24; 2Rs 2,11).

- Por outro lado, mesmo havendo uma compreensão do que os dogmas católicos querem dizer, os anglicanos preferem uma devoção mariana mais sóbria, que se mantenha nos limites dos textos bíblicos e da patrística mais antiga.

- Anglicanos honram Maria como "bendita" (Lc 1,42) e "predileta" (Lc 1,28) e proclamam na liturgia: "Ó Maria, mais alta que os querubins, mais gloriosa que os serafins, porque levas em teu ventre a Palavra eterna; tu, a mais agraciada dentre as criaturas, canta e engrandece o teu Senhor".

- Os anglicanos não invocam Maria diretamente, mas costumam louvar e engrandecer a Deus pelo que sua divina graça realizou em Maria; sugerem moderação no culto, para ressaltar a adoração devida somente ao Pai, ao Filho e ao Espírito Santo.

3. Diálogo católico-luterano 1978, EUA: *Autoridade magisterial e infalibilidade na Igreja – Reflexão conjunta* (n. 2721-2729)

- Há disposição para estudar e compreender o sentido cristológico e soteriológico dos dogmas marianos.

- Enquanto não se chega a um consenso, distinguir o núcleo teológico dos dogmas marianos da sua expressão devocional (às vezes inadequada).

- Questiona-se o quanto os dogmas marianos "obrigam" a fé, já que o essencial para a salvação e a comunhão eclesial se concentra na profissão de Deus uno e trino, de Jesus como Redentor e Senhor, aceitando a Igreja como comunhão de todos os remidos em Cristo, bem como esperando o Juízo, a Ressurreição e a eternidade junto de Deus.

- Poderia um luterano professar essas verdades reveladas e essenciais, havendo liberdade em relação à veneração de Maria? (pois, mesmo não professando os dogmas da Imaculada e da Assunção, o fiel luterano pode participar do Pão e do Vinho no altar católico, exercendo pessoal e oportunamente a "hospitalidade eucarística". Como ficaria a situação, caso a Igreja Luterana e a Igreja Católica restabelecessem a plena unidade?)

4. Diálogo batista-católico 1986, EUA: *Relatório sobre teologia da graça* (n. 3039)

- Católicos incluem Maria e os santos na sua oração "a Deus", com base na comunhão dos santos (= comunhão de todos os remidos no mesmo Corpo de Cristo, pela qual a Igreja na terra está unida à Igreja no céu).

- Batistas preferem endereçar sua oração somente a Deus uno e trino, por dois motivos: a) para não obscurecer a mediação de Cristo, único Nome no qual temos redenção (cf. At 4,12); b) porque consideram sobretudo os efeitos do Batismo (habitação da Trindade na pessoa, adoção filial e inserção no Corpo de Cristo) que experimentamos "no Espírito Santo" – que é *Deus em nós*.

157

Nesse sentido, não consideram a devoção a Maria necessária, nem oportuna.

- Contudo, batistas e católicos acreditam que a comunhão dos remidos em Cristo (comunhão dos santos) é um conceito bíblico claro e pode, futuramente, iluminar o diálogo sobre Maria.

5. Diálogo batista-católico 1989, EUA: *Declaração conjunta sobre Sagrada Escritura, Igreja, ministérios, espiritualidade, graça, missão e escatologia* (n. 3052-3055)

- Batistas insistem em não incluir o nome de Maria ou dos santos na sua oração, por temerem ofender a única mediação de Jesus Cristo (expressamente revelada em At 4,12 e 1Tm 2,5).

- Por outro lado, batistas valorizam a abordagem mariológica do Concílio Vaticano II, que apresenta Maria como figura profética da Igreja, sobretudo nos termos do seu *Magnificat*.

- À parte a intercessão, a imaculada concepção e a entrada de Maria na glória celeste (ainda em pauta no diálogo), os batistas admitem que na sua história pessoal Maria foi exemplo de fé, advogada dos pobres e oprimidos, modelo de dedicação a Jesus e de fidelidade até mesmo diante da cruz. Maria é honrada como mãe e discípula de Jesus, mas este apreço se limita à história de Maria conforme as Escrituras: não se desenvolvem prolongamentos doutrinais da Bíblia até o culto.

- Por outro lado, batistas e católicos alertam que no centro de suas doutrinas e cultos está sempre a redenção pascal de Jesus, recordada e atualizada na Ceia Eucarística. Em nenhum momento a Igreja Católica pretendeu colocar Maria no mesmo nível dos sacramentos.

6. Diálogo católico-luterano 1990, EUA: O único Mediador, os santos e Maria – Declaração comum e reflexões (n. 3083-3360)

- Recupera-se a postura de Lutero quanto a Maria: saudar, elogiar e honrar – mas nunca "invocar".

- Lutero admitia a virgindade perpétua de Maria e opinava que "considerar a mãe do Senhor como mulher imaculada é um piedoso pensamento" (no ato mesmo da Encarnação do Verbo, o Espírito Santo teria *batizado* a Virgem Maria, para que – livre da mancha original – o Messias nascesse santo também segundo a carne).

- Relembra a honra devida a Maria, segundo a *Confissão de Augsburgo*, artigo 21 (n. 3106).

- Retoma a clara posição dos reformadores, como Melanchton: honrar e elogiar a Virgem Maria, mas nunca incluir seu nome em invocações diretas, pois este procedimento fere a única mediação de Jesus Redentor (n. 3112).

159

MARIA NO CORAÇÃO DA IGREJA

- Elenca as convergências entre católicos e luteranos (n. 3189s).

- Apresenta, em síntese, a reflexão mariológica católica (n. 3317).

- Apresenta, em síntese, a reflexão mariológica luterana (n. 3338).

- Luteranos e católicos concordam que Maria é *typus Ecclesiae*: figura exemplar da Igreja, também merecedora de louvor entre todos os remidos unidos na comunhão dos santos (n. 3135s).

Além disso, este documento (de bases sólidas e grande maturidade teológica) apresenta o longo percurso da mariologia na história do Cristianismo, da época patrística aos nossos dias:

- Maria na Bíblia (n. 3239-3251);

- Maria no Cristianismo do séc. II ao séc. XVI (n. 3252-3277);

- Maria da Reforma até nossos dias (n. 3278-3316).

7. Grupo de Dombes, 2002: *Maria no desígnio de Deus e na comunhão dos santos*

Com acompanhamento do Conselho Mundial de Igrejas e do Pontifício Conselho para a Unidade dos Cristãos, o *Grupo de Dombes* (França) concluiu recentemente cinco anos de estudos, com a participação de quarenta teólogos reformados, evangélicos e católicos, brindando as Igrejas com o documento *Maria no desígnio de Deus e na comunhão dos santos* (2002) – organizado em duas partes: a) Maria na Bíblia e na evolução teológica da Igreja Cristã e b) Os dogmas marianos. O texto recupera a doutrina dos reformadores sobre a salvação, Maria e a Igreja; cita e reinterpreta fontes textuais de Lutero, Calvino e outros sobre Maria; aproxima as perspectivas reformadas, evangélicas e católicas com foco na salvação e na escatologia; redimensiona biblicamente o papel salvífico da Igreja – da qual Maria é figura exemplar. Termina propondo temas de conversão teológica para as Igrejas participantes, com horizonte promissor para o futuro do diálogo ecumênico.

III – Convergência anglicano-católica sobre Maria

1. Maria, graça e esperança em Cristo[3]

Este importante documento é resultado de alguns antecedentes, como: *Relatório de Malta*, que pedia o esclarecimento das definições mariológicas (1968); o segundo documento da ARCIC sobre *A autoridade na Igreja* referiu-se ao lugar de Maria na obra da salvação (1981), deixando interrogativas sobre os dogmas marianos da Concepção Imaculada e da Assunção (n. 30); em 1995, João Paulo II publica a encíclica *Ut Unum Sint* e propõe Maria como tema de novos estudos ecumênicos (cf. n. 79); enfim, em 2000, realiza-se

---

[3] Documento da Anglican-Roman Catholic International Commission (ARCIC) [Comissão Internacional Anglicano-Católica Romana], publicado no Brasil pela Editora Paulinas (cf. referências no final).

o *Encontro Internacional de Bispos Católicos e Anglicanos* (em Mississauga, Canadá), solicitando um estudo sobre Maria na vida e doutrina da Igreja, realizado por peritos das Comunhões.

A presente declaração sobre "Maria, graça e esperança em Cristo" é fruto maduro deste caminho de diálogo teológico, servindo de referência para outras Igrejas (reformadas, evangélicas e pentecostais) que desejam incrementar sua abordagem mariológica.

Quanto ao caráter (ou estatuto) do documento, o próprio texto esclarece: trata-se de *Declaração de Acordo entre a Igreja Católica Romana e a Comunhão Anglicana* elaborada pela ARCIC e aprovada pelas respectivas autoridades eclesiásticas. O documento propõe uma declaração mais completa da crença comum de anglicanos e católicos a respeito da bem-aventurada Virgem Maria. Nesse sentido, oferece o contexto para uma apreciação conjunta do conteúdo dos dogmas marianos. Aponta, também, para algumas diferenças de prática litúrgica e devocional, incluindo a invocação explícita de Maria nas celebrações e exercícios de piedade (n. 3).

2. Maria segundo as Escrituras

2.1 O testemunho das Escrituras: trajetória de graça e esperança

A história da salvação é uma trajetória de graça e esperança que culmina em Cristo. Essa trajetória se inicia na criação e se plenifica na realização escatológica, quando tudo e todos serão glorificados em Deus. A teologia paulina da graça e da esperança serve como fio condutor:

> Aqueles que ele de antemão conheceu, também os predestinou a serem conformes à imagem de seu Filho, a fim de que este seja o primogênito de uma multidão de irmãos; os que predestinou, também os chamou; os que chamou, justificou-os; e os que justificou, também os glorificou (Rm 8,30).

Predestinou ----- Chamou ----- Justificou ----- Glorificou

()	()
Graça	**Esperança**
resgate do pecado:	participação na glória:
concebida imaculada	*assumida na glória*
(Ef 1,4; Lc 1,49)	(Rm 8,23; Lc 1,52)

2.2 Maria na narrativa do nascimento em Mateus

De um lado, a continuidade desde o Antigo Testamento, na trilha das quatro mulheres que Deus dispôs, providencialmente, na história da salvação. De outro, a novidade de Jesus: descendente de Davi (paternidade legal de José), mas concebido pelo Espírito Santo (indicando a nova criação pelo Espírito, por cuja unção o Messias abre novas possibilidades de salvação do pecado e da presença do Deus-Conosco).

Mateus liga a descendência de Davi (paternidade legal de José) e a novidade messiânica de Jesus (maternidade virginal de Maria), de acordo com a profecia de Isaías: "Eis que a virgem conceberá e dará à luz um filho" (Is 7,14, na versão da *Septuaginta*).

Há um polo "antigo" (Jesus cumpre a expectativa messiânica de Israel) e um polo "novo" (nasce de uma concepção virginal). Maria, chamada sempre de "sua mãe", se insere no contexto da novidade messiânica, pois concebe sob a ação do Espírito Santo: isto indica que em Cristo se inicia a nova criação.

2.3 Maria na narrativa do nascimento em Lucas

Maria aparece num *crescendum*, indicando que seu itinerário ao lado do Filho vai prosseguir: ela é o elo entre João Batista e Jesus; recebe a mensagem do anjo; responde em obediência humilde; viaja, visita e serve a Isabel; proclama a reviravolta escatológica do Reino de Deus que seu Filho há de realizar (*Magnificat*); vê os acontecimentos nas entrelinhas; representa a interioridade da fé e do sofrimento; fala em nome de José no Templo; e, embora repreendida pela incompreensão inicial, continua a crescer em entendimento (n. 14).

Merecem destaque em Lucas: a) anunciação = Maria é recebedora da eleição e da graça de maneira única, peculiar; b) visita a Isabel = Maria se torna porta-voz dos pobres e oprimidos que esperavam que o Reino de justiça de Deus fosse estabelecido. Ambas as cenas encontram símbolos e ações significativas em paralelos do Antigo Testamento. Além disso, a exclamação "Doravante todas as gerações me proclamarão bem-aventurada" (Lc 1,42) fornece a base bíblica para a devoção apropriada de Maria, ainda que nunca separada de seu papel como mãe do Messias (n. 15).

A expressão *kecharitomène* [= a "escolhida" ou "que foi cumulada de graça" (voz passiva)] é reveladora: acena implicitamente à santificação prévia operada pela graça, com vista ao seu chamado para ser mãe do Messias e, depois, discípula dele (cf. Lc 1,28). A concepção virginal de Jesus indica sua filiação divina – da qual Maria é serva. O *fiat* de Maria, dado na fé e na liberdade, é seu "amém" à poderosa Palavra de Deus (n. 16).

A partir da profecia de Simeão – "Uma espada te transpassará a alma" (Lc 2,35) –, a peregrinação de fé de Maria a levará sempre com o Filho, até ao pé da cruz (n. 17).

2.4 A concepção virginal do Senhor

O que, negativamente, seria ausência ou falta de um pai humano é, positivamente, sinal da presença e ação do Espírito de Deus. Para nós, é sinal eloquente da filiação divina de Jesus e da vida nova pelo Espírito. De tal modo que a concepção virginal de Jesus aponta para o "novo nascimento" e para a "vida nova" de cada cristão (n. 18).

2.5 Maria e a verdadeira família de Jesus

As passagens sinóticas que citam Maria e os irmãos de Jesus sugerem a passagem da família carnal à família escatológica, que reúne os discípulos do Messias (cf. Mc 3,35). Marcos indica que o crescimento no entendimento é inevitavelmente lento e doloroso, e que a fé genuína em Jesus implica o nosso encontro com a cruz e com o túmulo vazio. Lucas evita o confronto entre a família de Jesus e nos reporta outra cena: alguém profere uma bênção sobre Maria – "Bem-aventurada aquela que te amamentou" –, à qual Jesus acrescenta: "Bem-aventurados, antes, os que ouvem a Palavra de Deus e a observam"

165

(Lc 11,27-28). Ora, esta correção na perspectiva da bênção inclui justamente Maria, como Lucas nos faz ver (cf. Lc 1,38), pois ela se prontificou em deixar tudo em sua vida transcorrer de acordo com a Palavra de Deus. Em At 1,14, Lucas nos apresenta Maria: ela, que soube acolher a obra do Espírito Santo no nascimento do Messias, é agora parte da comunidade dos discípulos, esperando em oração pelo derramamento do Paráclito no nascimento da Igreja (n. 19-21).

2.6 Maria no Evangelho de João

João destaca a vontade predestinada de Deus e sua graça, pelas quais todos os que são trazidos a um novo nascimento (Batismo), não nascem do sangue nem da vontade humana, mas de Deus. Tal afirmação pode ser aplicada a Cristo, em primeiro lugar. Depois, aos remidos por ele. Em dois momentos, João apresenta Maria de modo significativo: em Caná e no Calvário. Uma primeira cena se inclui no princípio dos sinais de Jesus. A outra, na conclusão ou cumprimento de sua missão redentora: formam, assim, um tipo de moldura da história de Jesus, claramente participada por Maria.

A "mulher" na narrativa das bodas em Caná é expressão que, de certo modo, mostra Maria como participante da missão de Jesus, além do papel de mãe. Jesus não vê sua relação com Maria apenas como parentesco terreno, mas como relação que se inclui na obra que Deus lhe confiou realizar.

Há, ainda, uma analogia teológica que aproxima Maria e Eva, como Cristo e Adão. Maria também simboliza Israel (antigo povo) e a Igreja (novo povo), que acolhem a graça e a fazem frutificar pela fidelidade a Jesus (discipulado). Ao colocar Maria na moldura que enquadra a obra redentora de Jesus (de Caná ao Calvário), é difícil pensar em Maria sem pensar na Igreja: ela é *typos* ou *ícone* da Igreja, seu modelo e sua primeira realização (n. 22-27).

2.7 A mulher em Ap 12

O texto nos permite duas referências: uma primária = a mulher significa a Igreja – novo Povo de Deus; uma secundária = a mulher sugere Maria, na função de mãe do Messias. Tanto a Igreja quanto Maria participam do drama messiânico e da vitória escatológica do Filho de Deus (n. 28-29).

2.8 Reflexão bíblica

Maria é apresentada nas Escrituras, mormente no Novo Testamento, como: bem-aventurada, filha de Israel, virgem mãe, serva do Senhor, mãe, refugiada (peregrina), transpassada, mulher: com ela, enquanto Igreja, somos um, membros da família escatológica de Jesus.

3. Maria na tradição cristã

3.1 Cristo e Maria na antiga tradição comum

Os autores patrísticos e o magistério afirmam, de acordo com as Escrituras, tanto a divindade quanto a humanidade de Jesus Cristo. Donde o argumento cristológico do título *Theotókos* conferido a Maria, a Virgem genitora do Filho de Deus quanto à humanidade (em latim: *Deipara*). Tal título preserva a verdadei-

167

MARIA NO CORAÇÃO DA IGREJA

ra profissão de fé na divindade e humanidade do Verbo encarnado e, igualmente, a honra de Maria ter sido sua mãe. Anglicanos e católicos professamos juntos que Jesus Cristo "foi concebido pelo Espírito Santo e nasceu da Virgem Maria" (n. 33-34).

3.2 A celebração de Maria na antiga tradição comum

A Igreja dos primeiros séculos sentia fortemente a realidade da comunhão dos remidos em Cristo. Nessa comunhão, incluíam-se as *testemunhas* da fé – como os mártires e confessores – mas também Maria. Antigos registros mostram que Maria tinha um lugar especial em meio à "nuvem de testemunhas" venerada pela Igreja. A antiga exegese extraiu imagens femininas para simbolizar quer a Igreja, quer Maria. Pela sua obediência à Palavra, Maria é *typos* da Igreja e *anti-typos* de Eva. Analogias não autônomas, mas referidas de certo modo a Cristo, visto como Novo Adão.

Além disso, os Padres apresentaram Maria – a Virgem Mãe – como modelo de santidade na consagração das virgens, e ainda ensinaram que ela permaneceu sempre Virgem. Em sua reflexão, a virgindade foi entendida não apenas como integridade física, mas como uma disposição interior de abertura, obediência e sincera fidelidade a Cristo, que serve de modelo para o discipulado cristão e para questões relativas à fecundidade espiritual dos fiéis.

Nesse sentido, a "virgindade" de Maria é tematizada como paralelo de sua "santidade" (neste caso, com base na voz passiva "agraciada" ou "cumulada de graça"). Aos poucos, Maria é apresentada como *pan-hagia* = toda santa, ou seja, remida inteiramente, de corpo e de alma. Essa temati-

168

zação, aliada à compreensão de que Deus age providencialmente ao longo da história da salvação, vai esboçando, aos poucos, a doutrina sobre a concepção imaculada de Maria, ao mesmo tempo que o nome de Maria aparece em antigas orações eucarísticas e preces devocionais.

Após o Concílio de Éfeso, templos começam a ser dedicados a Maria. Gradualmente, a piedade popular celebra sua concepção (8 e 9 de dezembro), seu nascimento (8 de setembro), apresentação no templo (21 de novembro) e quando foi assunta na glória celeste (15 de agosto). A liturgia oficial adotou gradualmente essas comemorações.

A crença na "assunção" de Maria era fundamentada sobretudo na promessa da ressurreição dos mortos e na dignidade de Maria como *Theotókos* e *sempre Virgem* – somada à convicção de que aquela que nos deu a Vida (= Cristo) deveria estar associada à vitória de seu Filho sobre a morte e à glorificação de seu Corpo, que é a Igreja. Em palavras simples: Maria, que na terra assumiu em tudo o seu Filho, certamente foi assumida por ele na glória (n. 35-40).[4]

3.3 O crescimento da doutrina e devoção marianas na Idade Média

Aprofundamento: No período medieval (Bernardo, Duns Scotus, Tomás de Aquino e outros), a doutrina e devoção marianas desenvolvem-se em vários passos:

---

[4] Em latim, como em português, o substantivo *assunção* corresponde ao verbo "assumir", cujo adjetivo é justamente *assumida* ou *assunta* – distinguindo-se de *ascensão*, que corresponde ao verbo *ascender* (subir, elevar-se).

- pregações sobre Maria, a partir de exemplos bíblicos;
- meditação da vida de Cristo e de Maria;
- práticas devocionais, como a recitação do rosário;
- teologia mariana tipológica (Maria = *typos* da Igreja);
- teologia das virtudes exemplares de Maria.

Deslocamento: Busca-se compreender e expressar o lugar de Maria na obra salvadora que Deus realizou em Cristo. Contudo, há que se registrar uma reviravolta na tematização teológica sobre Maria, por conta de alguns autores medievais: a ênfase em Maria ícone da Igreja fiel e da humanidade redimida se desloca para a ênfase em Maria como distribuidora das graças de Cristo.

Especulações: Tal deslocamento deu-se por várias e complexas questões: tópicos de teologia escolástica da graça e do pecado original; pressuposições a respeito da procriação e da relação entre alma e corpo; e especulações sobre o exato momento em que a graça tocou Maria, preservando-a do pecado original (na concepção ou no ventre de sua mãe, durante a gestação? – como o toque da graça em João Batista, no ventre de Isabel). Aumentam as especulações, com o risco de tematizações dissociadas da cristologia. A teologia da santificação de Maria presente na *Suma teológica* de Tomás de Aquino e o sutil raciocínio de Duns Scotus sobre Maria se desdobram numa extensa controvérsia sobre se Maria seria imaculada desde o primeiro momento de sua concepção.

Religiosidade popular: Importa lembrar, ainda, que na alta Idade Média a teologia escolástica (*argumentativa*) cresceu cada vez mais à parte da espiritualidade (*afetiva*).

Menos arraigados na exegese bíblica, os escolásticos confiavam muito na probabilidade lógica para estabelecer suas posições. A polêmica dos nominalistas mostra até onde vai tal método especulativo. Por outro lado, a piedade popular era marcadamente afetiva e experiencial. Na religiosidade popular, Maria passa a ser vista como "intermediadora" entre Deus e a humanidade e até como fazedora de milagres com poderes autônomos, quase divinos. Esta religiosidade, por sua vez, influenciou as opiniões teológicas daqueles que cresceram com tais idéias. De tal modo que, consequentemente, vários autores elaboraram um raciocínio teológico adequado a esta devoção mariana, florescente em fins da Idade Média (n. 41-44).

3.4 Da Reforma até os dias de hoje

Este percurso histórico foi marcado especialmente por:

- busca e reafirmação da centralidade de Jesus (Thomas More, Erasmo de Roterdam);

- suspeita quanto a abusos em relação a Maria, no campo devocional;

- infelizmente, a rejeição dos abusos levou à perda dos aspectos positivos da devoção a Maria e a uma mariologia minimalista (diminuição de seu lugar na história da salvação).[5]

---

[5] O documento não analisa em detalhes a questão de Maria nos reformadores como Zwínglio, Calvino e João Huss (tema presente no documento do Grupo de Dombes: *Maria no desígnio de Deus e na comunhão dos santos*). Por tratar-se de uma declaração católico-anglicana, o documento lembra brevemente Lutero e se concentra nos reformadores ingleses.

Os reformadores ingleses preservaram a doutrina da Igreja primitiva no que se referia a Maria: seu papel na Encarnação do Verbo, seu título de *Theotókos* (aceitos porque concordes com as Escrituras e com a antiga tradição comum da Igreja). Além disso, Latimes, Cranmer e Jewel aceitam Maria como "sempre Virgem" e, da mesma forma que Agostinho, valorizavam a santidade de Maria. Isso sempre em referência à impecabilidade de Cristo, antes de tudo, sem esquecer que toda a humanidade (incluindo Maria) necessita do Salvador. Os artigos 9º e 15º da fé declaram que toda a humanidade é pecadora, Contudo, nem negam nem afirmam a possibilidade de Maria ter sido preservada do pecado, pela graça do próprio Redentor e em vista dele. É notável que a liturgia anglicana (*Commom prayer book*) do Natal, no prefácio e na coleta, se refira a Maria como "uma virgem pura".

O calendário litúrgico anglicano (*Common prayer book* 1662) contempla cinco festas associadas particularmente a Maria: concepção de Maria, natividade de Maria, anunciação, visitação e apresentação de Maria. A assunção fora excluída por dois motivos: faltava respaldo bíblico explícito e parecia que Maria era exaltada às custas de Cristo. No mais, outras edições do *Commom prayer book* (missal, livro de ofícios e sacramentário anglicano) enfatizam Maria como "virgem pura" de cuja "substância" o Filho tomou a natureza humana. No século XVI, a veneração de Maria entre os anglicanos decaiu muito. Mas preservou-se a recitação do *Magnificat* nas Vésperas (Ofício da tarde: *Evening Prayer*) e na inalterada dedicação de capelas e igrejas à Virgem Maria (*Lady Chapels*).

No século XVII, vários autores retomaram a teologia patrística e elaboraram uma apreciação mais completa do lugar de Maria nas orações, tanto privadas quanto litúrgicas. Algumas intitulavam Maria de "toda santa, imaculada, mais que bem-aventurada Mãe de Deus e sempre Virgem" (Andrewes: *Preces privatae*). No século XIX, essa retomada da mariologia patrística prosseguiu, com os anglicanos do Movimento de Oxford (n. 44-47).

Na Igreja Católica, por seu lado, a doutrina e devoção mariana cresceram (ainda que moderadas pelos princípios reformadores do Concílio de Trento), mas infelizmente sofreram influências deturpadas das polêmicas católico-protestantes. O fiel católico romano passou a ser identificado pela ênfase na devoção a Maria (do lado protestante, deu-se o contrário...). A ardorosa piedade mariana do século XIX e de parte do século XX contribuiu para as definições dos dogmas da concepção imaculada de Maria (1854) e de sua assunção na glória (1950).

Por outro lado, a devoção enfática a Maria, cujas expressões pareciam desvincular-se do mistério central de Cristo, levou a própria Igreja Católica a uma sadia autocrítica, que levou os católicos a uma *re*-recepção (ou nova recepção) dos dogmas marianos. Isso foi embalado pelos movimentos de retorno às fontes: movimento bíblico, patrístico e litúrgico, sobretudo. Tal processo de *re*-recepção desembocou no Concílio Vaticano II – o qual inclui Maria na doutrina mais ampla sobre a Igreja sacramento universal de salvação (*Lumen Gentium*). Maria, mãe do Senhor e discípula fiel, é figura da Igreja peregrina e sinal de esperança certa e de consolação para o Povo de Deus a caminho (*LG*, n. 68-69). Ela tem, sim, um múnus peculiar no plano da salvação, mas esse múnus é subordinado a Cristo, único Redentor.

Após o Concílio Vaticano II, Paulo VI publicou a encíclica *Marialis Cultus* (1974):

- esclareceu as intenções do Concílio sobre o lugar de Maria no plano de Deus e na Igreja;

- promoveu uma devoção mariana apropriada (fundamentos bíblicos, patrísticos e litúrgicos);

- reexaminou o lugar de Maria no ritual romano;

- esclareceu que sua devoção deve estar localizada dentro do foco cristológico da oração litúrgica da Igreja;

- Maria é apresentada sob a luz das Escrituras e sempre em referência ao mistério de Cristo: "[...] ela é exemplo de como a Igreja celebra os divinos mistérios" (*MC*, n. 16).

Em 2002, João Paulo II reforçou o foco cristológico da devoção a Maria ao instituir os "mistérios da luz" na recitação do rosário: o rosário tem rosto mariano e coração cristológico.

Com a renovação litúrgica do século XX, Maria ganha novo destaque no culto anglicano: reaparece em grande parte dos livros de orações, é novamente mencionada nas Orações Eucarísticas. Além disso, o 15 de agosto (*Assunção*) passou a ser celebrado como a principal festa referida a Maria (= seu ingresso na glória, por graça do Filho Redentor). Na liturgia anglicana, as festas mariais têm leituras bíblicas, coletas e prefácios próprios.

Assim, tanto a Igreja Católica quanto a Comunhão Anglicana vivem um processo de re-*recepção* do lugar de Maria no plano da salvação e na vida da Igreja. Experimentou-se um progressivo retorno às fontes bíblicas e patrísticas, uma readequação do lugar de Maria nos textos litúrgicos e na devoção, situando-a melhor no horizonte cristológico. Também o diálogo ecumênico crescente contribuiu para esta *re*-recepção em ambas as Comunhões.

Ouvindo atentamente as Escrituras, podemos dizer que Maria foi providencialmente preparada pela graça divina para ser a mãe do nosso Redentor. Pelo seu "sim" à Palavra de Deus, nós a bendizemos como serva do Senhor, exemplo de santidade, obediência e fé para os cristãos. Por ela ter recebido a Palavra no coração e no corpo, pode ser inserida na tradição profética. Anglicanos e católicos concordamos, ainda, em considerar a Virgem Maria *Theotókos*. Nossas duas Comunhões são herdeiras da rica tradição que reconhece Maria como sempre Virgem e a vê como Nova Eva e figura da Igreja. Sobretudo, nós a consideramos inseparavelmente ligada a Cristo e à Igreja. Dentro desta ampla consideração, focalizamos agora a *teologia da graça e da esperança* (n. 45-51).

4. Maria, exemplo de graça e esperança

4.1 Maria na economia da graça

Vemos a economia da graça a partir de seu centro: o cumprimento da redenção em Cristo, "retroagindo" na história, e não "avançando" desde a criação pecadora até seu futuro em Cristo. Essa perspectiva oferece nova luz para considerar o lugar de Maria na história da salvação.

A Igreja proclama que Cristo foi ressuscitado e elevado à direita do Pai, na força do Espírito Santo. Ali ele nos

175

espera e acolhe, para participarmos da sua glória – também nós, ressuscitados e elevados pela graça. Pois esse é o destino glorioso de toda a Igreja – que é seu Corpo, do qual somos membros. Porque aqueles que Deus "predestinou, também os chamou; os que chamou, justificou-os; e os que justificou, também glorificou"(Rm 8,30).

Este itinerário paulino aplica-se a todos os batizados. Aplica-se, de modo particular, a Maria: preparada pela graça, chamada, justificada e glorificada – sempre pelos méritos redentores de Jesus, seu Filho. Nós olhamos para Maria com um olhar escatológico, inspirado nas Escrituras: nós a vemos como uma mulher marcada, desde o início de sua existência, como a escolhida, chamada e agraciada por Deus mediante o Espírito Santo, em vista da tarefa que está mais adiante (maternidade de Cristo, obediência na fé e inserção na comunidade dos discípulos).

As Escrituras nos oferecem exemplos de como Deus providencialmente prepara e conduz homens e mulheres em seu plano salvador, agraciando-os: Raquel, Sara, Isabel. A Bíblia mostra que a graça divina precede a vocação específica de algumas pessoas, desde sua concepção (cf. Jr 1,5; Lc 1,15; Gl 1,15). Sob a luz da Bíblia e concordes com a fé da Igreja primitiva, vemos que Deus operava em Maria desde seu início, preparando-a para a vocação única de carregar em sua própria carne o Novo Adão. De Maria, quer como pessoa, quer como figura representativa da Igreja, podemos dizer que Deus é que a fez, criada em Jesus Cristo, "para as boas obras que Deus previamente preparou" (Ef 2,10).

Em decorrência da Encarnação, da maternidade de Maria e de seu seguimento fiel ao Filho, há um intimidade ou um vínculo corporal entre ela e Jesus. Esse vínculo corporal não é algo estranho: embora, no caso de Maria, a maternidade lhe vincule particularmente a Jesus, todos nós, batizados, vivemos inseridos no seu Corpo – que é a Igreja –, do qual somos membros, nele e por ele vivificados. Nisso já podemos entrever o destino glorioso que nos espera: participar da vitória escatológica do Messias, na glória celeste, integralmente (= ressurreição). Nessa perspectiva, claramente expressa no Novo Testamento, incluímos Maria: na ótica bíblica e teológica da "escatologia antecipada, Maria pode ser vista como a discípula fiel totalmente presente a Deus, em Cristo. Desse modo, ela é um sinal de esperança para toda a humanidade" (n. 52-56).

A graça e a esperança preanunciadas em Maria se cumprirão na nova criação, obra de Cristo, quando todos os remidos participarão da glória plena do Senhor (cf. 2Cor 3,18). Para nós, Maria é a mulher remida pelo Senhor e a ele unida, que nela vemos esta nova criação já se realizando: olhando para ela, reconhecemos nosso próprio destino glorioso – pessoalmente e para toda a Igreja, que é Corpo de Cristo.

4.2 As definições papais

Assunção. A definição católica não adota uma posição particular sobre como a vida de Maria terminou nem usa para ela a linguagem de morte e ressurreição, mas celebra a ação de Deus nela. Considerando o lugar de Maria na economia da graça e da esperança em Cristo, podemos afirmar que Deus acolheu a bem-aventurada Virgem Maria na integridade de sua pessoa (= corpo e alma indicam uma antropologia unitária), e isso não contradiz as Escrituras. Aliás, só podemos compreender isso à luz das Escrituras. Cremos que todos nós, remidos, somos destinados a participar da glória de Cristo: Maria possui um lugar preeminente dentro da comunidade dos remidos (comunhão dos santos) e personifica o destino de toda a Igreja (cf. Jo 17,24; Rm 8,30).

Concepção imaculada. A definição católica supõe e ensina que Maria – como todas as demais pessoas humanas – necessita de Cristo como seu Salvador e Redentor. O fato de ser preservada do pecado original não significa uma santidade autônoma de Maria, ao contrário, significa que a graça agiu nela de modo peculiar, em vista dos méritos de Cristo (e nunca por méritos pessoais de Maria: cf. *LG*, n. 53, *CEC*, n. 491). Há um enfoque *negativo* do dogma = que Maria tenha falta de algo que os outros têm, isto é, o pecado: se nos fixamos aqui, poderíamos obscurecer a completude da obra salvadora de Jesus. Mas há também um enfoque positivo do dogma = que a graça gloriosa de Deus preencheu toda a vida de Maria, desde sua concepção (ou seja, ela é imaculada, não autonomamente, dispensando a graça, mas justamente por causa da graça que nela agiu desde o início de sua vida). Em Maria podemos ver – já realizado – o destino de santidade a que todos os remidos são chamados em Cristo, na linha de Ef 1,4: "Ele nos escolheu em Cristo, antes da fundação do mundo, para sermos santos e irrepreensíveis sob seu olhar, no amor" (tradução *TEB*).

A referência "em vista dos méritos de Cristo" quer dizer que é ele, Jesus, quem redime sua mãe – numa perspectiva mais escatológica do que cronológica: Maria é santificada pela graça de Cristo, é "cumulada de graça" em vista da sua vocação de ser mãe do "Santo" (Lc 1,35).

Quanto ao conteúdo dos dogmas. Concordamos juntos que o ensinamento sobre Maria nas duas definições (assunção e concepção imaculada) compreendidas dentro do modelo bíblico da economia da graça e da esperança, delineadas nesta *Declaração*, pode ser entendido consoante o ensinamento das Escrituras e das antigas tradições comuns.

Questionamentos anglicanos quanto ao estatuto dos dogmas. Na doutrina católica, as definições dogmáticas são cridas como reveladas. Resta aos anglicanos a dúvida se tais doutrinas sobre Maria foram reveladas (de algum modo contidas nas Escrituras, depois explicitadas pela Igreja) de modo que possam ser consideradas pelos fiéis como assunto de fé. Anglicanos questionam, ainda, se essas doutrinas devem ser consideradas assunto de fé pelo fato de o bispo de Roma defini-las como independentes de um Concílio. Os católicos respondem, apelando para o *sensus fidelium* (tradição litúrgica que engloba todas as Igrejas locais e que é suporte ativo dos bispos católicos romanos). Esse consenso de um lado e a ausência de controvérsias internas permitem que o bispo de Roma defina o que, na visão católica, já vinha sendo crido pelo conjunto da Igreja. Anglicanos compreendem os argumentos bíblicos das duas definições mariais. Quanto ao estatuto das definições (sua autoridade e obrigatoriedade como assunto de fé), tanto anglicanos como católicos poderiam concordar que o testemunho da Igreja deve ser aceito, firme e constantemente, por todos os fiéis (cf. 1Jo 1,1-3) – semelhante à fé comum na *Theotókos* (cf. n. 63).

MARIA NO CORAÇÃO DA IGREJA

5. Maria na vida da Igreja

5.1 Intercessão e mediação na comunhão dos santos

"Todas as promessas de Deus encontraram o seu *sim* na pessoa de Cristo. Por isso, é por ele que nós dizemos *amém* a Deus para sua glória" (2Cor 1,20). O "sim" de Jesus Cristo – que abre as portas da redenção para a humanidade – antecede o *fiat* de Maria. Podemos dizer que o "sim" de Jesus ao Pai (cf. ainda Hb 7,10) ecoa de modo particular no *fiat* de Maria. Assim, quando Maria pronuncia seu "faça em mim", amparada pela sombra do Espírito Santo que a cobre, inaugura-se entre nós a nova criação: pois com seu *fiat*, o *sim* de Cristo se manifesta na Encarnação redentora. Embora o *fiat* de Maria tenha uma convergência com o *sim* de Jesus ao plano do Pai, eles são distintos: só o "sim" de Cristo é redentor, de modo que a adesão de Maria responde à iniciativa salvífica de Deus.

A partir de seu *fiat*, Maria aparece nas Escrituras numa relação crescente com Jesus: "o compartilhar dele na família dela (Lc 2,39) foi transcendido pelo compartilhar dela na família escatológica dele, sobre os quais o Espírito desceu" (At 1,14; 2,1-4). Desse modo, o *fiat* de Maria ao "sim" de Deus é único e se apresenta como exemplar para cada discípulo e para a vida da Igreja (n. 64; também n. 5).

Nossas duas tradições reconhecem o lugar peculiar de Maria na comunhão dos santos (pois ela participa do Corpo dos remidos, em Cristo). Mas essa convicção foi assimilada de modos diferentes pela vida devocional de anglicanos e ca-

180

tólicos: "[...] anglicanos tendem a começar pela reflexão sobre exemplo bíblico de Maria como exemplo e modelo para o discipulado"; já os católicos "[...] têm dado destaque para o atual ministério de Maria na economia da graça e a comunhão dos santos: Maria mostra o povo a Cristo, recomendando-o a ele e ajudando-o a compartilhar da vida dele"(n. 65). Por outro lado, nosso diálogo em comum mostrou também certa convergência nessas perspectivas: entre os anglicanos, muitos se sentem espiritualmente chamados a uma devoção mais efetiva a Maria; entre os católicos, muitos descobriram as raízes bíblicas de tal devoção. Assim, doravante podemos caminhar mais unidos, como peregrinos na comunhão com Maria, a principal discípula de Cristo (n. 65).

Expressão de tal devoção mariana bíblica é sua recepção na liturgia: cantamos com ela o *Magnificat* e a citamos na liturgia eucarística, como membro eminente do Povo de Deus. Também reconhecemos que ela certamente participa da "oração dos santos" diante do trono de Deus (cf. Ap 8,3-4): a interseção da liturgia celeste é solidária com a intercessão da liturgia terrena, pois todos se encontram unidos em Cristo (n. 66).

A partir das orientações da Igreja e à luz da Bíblia, proclamamos que há um só mediador entre Deus e os homens: Jesus Cristo, o redentor (cf. 1Tm 2,1-6). Só ele é o Verbo encarnado para nossa salvação, o qual entregou sua vida por todos nós. Somente nele somos filhos e remidos. Portanto, tudo quanto cremos e podemos afirmar sobre a comunhão dos santos – entre os quais está Maria – e sua intercessão (mesmo ativa), cremos e compreendemos na linha de sua participação na única intercessão de Cristo. Pois nele todos os remidos foram incorporados, formando um só Corpo, do qual o Senhor é a Cabeça. Desse Corpo somos membros: seja na Igreja peregrina, seja na Igreja triunfante, que já partilha da glória do seu Senhor. A teologia paulina do Corpo de Cristo afirma a solidariedade misteriosa e real entre todos os membros desse mesmo Corpo. Na vida devota dos fiéis – alimentada pela Palavra, pela oração pessoal e pela liturgia –, tal solidariedade entre os membros vivos do Corpo de Cristo, na terra como no céu, é sentida como uma presença de amigos, na gratidão diante da "nuvem de testemunhas" que nos antecederam na fé – entre os quais brilha de modo singular Maria, a mulher por meio de quem Cristo se tornou "à nossa semelhança, sem, todavia, pecar"(Hb 5,15), (cf. n. 67-69).

Sobre a solidariedade dos remidos no único Corpo de Cristo, leiam-se alguns testemunhos bíblicos: Tg 5,13-18; Ap 5,9-14; 7,9-12; 8,3-4. Notamos, ainda, que as orações litúrgicas são sempre dirigidas a Deus: os fiéis não voltam suas orações *aos santos*, mas pedem a eles que orem por nós *a Deus*. Recomendamos, contudo, cuidado com devoções que não condizem com o espírito das Escrituras, bem como qualquer expressão que obscureça a única mediação de Cristo Redentor (n. 70).[6]

---

[6] A clareza bíblica do documento pede, do lado anglicano: considerar o lugar de Maria no plano da salvação e sua expressão litúrgico-devocional, com tantos elementos a serem recuperados; do lado católico: considerar os elementos e a linguagem dos dogmas marianos, à luz da teologia bíblica da graça e da esperança, com atenção ao lugar litúrgico de Maria (enunciados e linguagem dos textos litúrgicos), e uma prática devocional adequada às fontes bíblicas e litúrgicas da piedade cristã. Com efeito, certas práticas e devoções recentemente propagadas parecem desenvolver-se à margem de qualquer orientação bíblica ou pastoral, pedindo uma avaliação e consequente correção por parte da catequese permanente, da formação bíblica e da supervisão dos bispos.

5.2 O ministério de Maria no plano da salvação

Maria vive em Cristo, permanecendo em comunhão de graça e esperança com aquele que fez dela "altamente favorecida" (*kecharitomène* = cumulada de graça). Desse modo, inserida na comunhão dos santos, ela exerce um ministério distinto dos demais remidos, por sua oração ativa. Como em Caná (cf. Jo 2,1-12), muitos cristãos confiam que ela continue apresentando ao Filho as carências e necessidades humanas. Igualmente, Maria ao pé da cruz inspirou a imagem da mãe piedosa (*Pietà*). Anglicanos e católicos sentem-se atraídos pela Mãe de Jesus como figura de ternura e compaixão.

Muitas imagens e aproximações (bíblicas, devocionais e/ou afetivas) expressam o papel maternal de Maria e o seu ministério de oração ativa:

- Maria enquanto mãe do Verbo encarnado;

- Maria mãe nossa, a quem o Senhor indica como "eis tua mãe" (Jo 19,27);

- Mãe da humanidade nova;

- aquela que pede por nós junto do Filho;

- aquela que olha e cuida solidariamente dos fiéis.

Estamos de acordo que, com o devido cuidado no uso dessas expressões, devemos aplicá-las a Maria como uma forma de louvar sua relação com o Filho e sua eficácia na obra redentora de Jesus.

Importa lembrar que todos os fiéis têm acesso direto ao Pai, por Cristo, no Espírito Santo: ninguém é obrigado à devoção mariana, mas pode incluí-la como um elemento que enriquece a adoração a Deus, com base na solidariedade que une todos os remidos – do céu e da terra – no Corpo de Cristo. A Bíblia, a Cristologia e o Magistério dos bispos devem zelar sobre a devoção popular a Maria, para que seja autêntica. Assim, a devoção ganha valor e deve ser respeitada.[7]

Quanto aos lugares em que muitos acreditam ter Maria aparecido, certamente encontram ali um conforto espiritual. Contudo, há a necessidade de um discernimento cuidadoso ao avaliar o valor espiritual de uma suposta aparição. Sobre isso, retome-se o que diz a Congregação para a Doutrina da Fé:

> Revelação privada pode ser uma ajuda genuína na compreensão do Evangelho e na melhor vivência de um momento particular do tempo; por essa razão, não deve ser desprezada. É uma ajuda oferecida, mas ninguém está obrigado a recorrer a ela. O critério para a veracidade e valor de uma revelação privada é, assim, sua orientação ao próprio Cristo. Quando nos leva para longe dele, quando se torna independente dele ou se apresenta como outro e melhor plano de

---

[7] Neste ponto o documento é esclarecedor e exigente: afirma, com fundamentos bíblicos na teologia do Corpo de Cristo, que Maria exerce um ministério distinto na sua oração ativa, junto do Filho. Ora, dizer "ministério distinto" significa um serviço próprio dela, ou seja, o seu modo peculiar, materno, zeloso, de participar da única mediação de Cristo – visto que ela está com ele na glória, junto aos demais remidos. Donde a exigência da sobriedade e honestidade teológicas, pois ministério distinto não significa de modo algum "ministério autônomo", "paralelo" ou "fora" de Cristo e seu Corpo. Há sempre o pressuposto de que este ministério é distinto porque é pessoal de Maria, sem com isso designar que seria uma intercessão autônoma ou superior àquela que a inteira comunhão dos santos exerce, em Cristo. Tal cuidado deve estar presente na linguagem, nas pregações, nas figuras devocionais e, sobretudo, na sadia catequese. Assim, todos serão fiéis à Palavra de Deus e às orientações da *Lumen Gentium*, que reconhece que Maria tenha um múnus pessoal na história da salvação – mas sempre um múnus subordinado ao de Cristo, pois nenhuma criatura, do céu, da terra ou sob a terra, pode ser associada no mesmo nível ou igualada, de modo algum, ao Cristo Senhor, Verbo encarnado e único Mediador entre nós e o Pai, no Espírito Santo (cf. *LG*, n. 62).

salvação, mais importante que o Evangelho, então certamente não procede do Espírito Santo.[8]

Esta norma deve ser lida, relida e conhecida em todos os âmbitos! Pois dentro de tais restrições fica assegurado que o louvor devido a Cristo permaneça sempre preeminente. Desse modo, a devoção mariana particular é aceitável, mas nunca obrigatória.

Outro aspecto importante da figura de Maria é que sua pessoa humilde e servidora – a quem o Poderoso exalta, como ela canta no *Magnificat* – reflete o divino compromisso pela justiça e a opção preferencial pelos pobres. Embora se tenha usado do testemunho de Maria para encorajar uma atitude passiva, silenciosa, das mulheres – se não para impor-lhes a servidão –, a atitude bíblica de Maria permanece como modelo de adesão corajosa e ativa à vontade de Deus. Qual Deus? O *Magnificat* bem nos responde: o Deus da justiça e da misericórdia, que eleva os humildes e dá pão aos famintos. Esse aspecto profético da experiência de Maria deve ser lembrado e incluído na devoção que a ela dedicamos.

Enfim, considerando as diferentes ênfases que anglicanos e católicos dão à devoção dos santos e à oração ativa de Maria, cremos que o aprofundamento bíblico, o esclarecimento da doutrina, uma visão cristológica integral e o zelo em bem conduzir as expressões devocionais nos ajudem a caminhar juntos. Anglicanos e católicos não veem neste ponto nenhuma razão teológica grave para que haja divisão entre nós. Podemos dizer, nesse sentido, que Maria não mais divide nossas Comunhões.

---

[8] COMISSÃO Teológica Internacional. *Comentário teológico da mensagem de Fátima*. Roma, 26 de junho de 2000.

Notas finais

A compreensão do lugar de Maria no plano de Deus, sempre referida a Jesus Redentor, é perspectiva fundamental em mariologia. Nada se diz de Maria que não se refira à obra da salvação (*soteriologia*) consumada em Cristo (*cristologia*). Pois de Maria *res nostra agitur* – como lemos na patrística: ao falar de Maria, *tratamos de coisas nossas*, indicadoras de como a graça age em nós, mirando a plenitude escatológica.

Tal é a chave de leitura dos dogmas marianos, cuja linguagem de inspiração litúrgica remetem aos seus fundamentos bíblicos e permitem uma correta catequese. Outra coisa é o campo devocional, onde elementos culturais, históricos e até folclóricos se misturam, pedindo grande cuidado pastoral de todos nós, pregadores, presbíteros, catequistas e missionários.

Vimos, ainda, que a abordagem de Maria como figura exemplar da Igreja é coerente com o enfoque protológico da Bíblia (apresentação de ícones ou tipos exemplares da Igreja). Assim, tanto a dogmática quanto a espiritualidade acolhem Maria de modo coerente com a fé apostólica, tal qual professamos nas atuais cristologia e eclesiologia católicas.

Isso não favorece apenas os membros da Igreja Católica como abre possibilidades de se abordar Maria como tema ecumênico. Afinal, antes de ser vista como uma "santa católica" ela é eminentemente uma "mulher evangélica". Quanto mais a mariologia e a liturgia se enraízam nas Escrituras, mais os cristãos poderão se encontrar com Jesus, seguindo o exemplo de sua Mãe. Assim, também Maria se inclui no caminho ecumênico das Igrejas, convidando-nos a seguir Jesus mais fielmente, como crentes e discípulos.

186

Referências

BONATI, Mario. *Maria, mãe dos cristãos*. São Paulo: Loyola, 2006. Livro sobre a devoção à Mãe de Jesus explicada a católicos e evangélicos com base na Bíblia.

BROWN, Raymond E. et al. *Maria no Novo Testamento*. São Paulo: Paulus, 1985. Estudo bíblico-teológico de alcance ecumênico, realizado pelas Igrejas Católica e Luterana dos Estados Unidos da América.

CERETI, Giovanni; VOICU, Sever. *Enchiridion oecumenicum*. Bologna: EDB, 1986. v. 1. Coletânea científica, de referência internacional, com todos os documentos ecumênicos publicados até o presente. Tb.: v. 2, 1988.

_____; PUGLISI, James F. *Enchiridion oecumenicum*. Bologna: EDB, 1995. v. 3. Tb.: v. 4, 1996.

COMISSÃO Internacional Anglicano-Católico Romana. *Maria, graça e esperança em Cristo*. São Paulo: Paulinas, 2005. Declaração de acordo entre a Comunhão Anglicana e a Igreja Católica sobre Maria, à luz da teologia paulina da graça, especialmente Rm 8.

COMISSÃO Teológica Internacional. Temas escolhidos de eclesiologia. *SEDOC* 18 (1986) colunas 921-966.

GRUPO DE DOMBES. *Maria no plano de Deus e a comunhão dos santos*. Aparecida: Santuário, 2003. Documento de convergência, com participação de evangélicos, reformados, anglicanos e católicos; de alto nível bíblico, histórico e teológico. É uma das maiores contribuições ecumênicas sobre Maria no cenário atual.

KÜNG, Hans et al. (ed.). Maria nas Igrejas – Perspectivas de uma mariologia ecumênica. *Concilium* 188/8 (1983). Volume temático da revista internacional *Concilium* (Editora Vozes), com autores evangélicos, reformados, católicos e greco-ortodoxos, além do parecer de um rabino.

Conclusão

Ladainha mariana para o nosso tempo

Ir. Afonso Murad

Em Nazaré

Maria de Nazaré, rogai por nós.
Menina que encantou os olhos de Deus, rogai por nós.
Amada de José, rogai por nós.
Jovem questionadora, rogai por nós.
Servidora do Senhor, rogai por nós.
Mulher do *Sim* sempre renovado,
Aquela que medita o sentido dos fatos, rogai por nós.
Educadora de Jesus, rogai por nós.
Aquela que vê Deus nos véus do cotidiano, rogai por nós.
Mãe do Deus conosco, rogai por nós.

Na casa de Isabel – *Magnificat*

Maria missionária, rogai por nós.
Símbolo da solidariedade, rogai por nós.
Feliz porque acreditou nas promessas de Deus, rogai por nós.

Amiga de Isabel, rogai por nós.
Cantora das obras de Deus, rogai por nós.
Símbolo de inteireza, rogai por nós.
Profetiza da justiça, rogai por nós.
Esperança de libertação, rogai por nós.

Em Belém

Maria de Belém, rogai por nós.
Companheira de José, rogai por nós.
Jovem Mãe de Jesus, rogai por nós.
Amiga dos pastores, rogai por nós.
Primeira testemunha da Encarnação, rogai por nós.
Símbolo da alegria, rogai por nós.

No Templo de Jerusalém

Maria de Jerusalém, rogai por nós.
Mulher oferente, rogai por nós.
Peregrina na fé, rogai por nós.
Aquela que crê, sem tudo compreender, rogai por nós.

Nos caminhos da Palestina

Maria da Palestina, rogai por nós.
Primeira discípula do Senhor, rogai por nós.
Aquela que acolheu a Palavra de Deus, rogai por nós.
Aquela que guardou a Palavra no coração, rogai por nós.
Aquela que frutificou a Palavra, rogai por nós.

Nossa irmã na fé, rogai por nós.
Pedagoga da fé em Caná, rogai por nós.
Atenta às necessidades humanas, rogai por nós.
Coração livre, aberto e desapegado, rogai por nós.

Em Jerusalém

Maria de Jerusalém, rogai por nós.
Firme junto à cruz, rogai por nós.
Símbolo do sofrimento assumido, rogai por nós.
Ícone da fé, rogai por nós.
Perseverante em oração no cenáculo, rogai por nós.
Testemunha da ressurreição de Jesus, rogai por nós.
Batizada no Espírito em Pentecostes, rogai por nós.

Na Terra e no Céu

Maria, tão humana e tão divina, rogai por nós.
Glorificada junto de Deus, rogai por nós.
Filha predileta do Pai, rogai por nós.
Mãe, educadora e discípula do Filho, rogai por nós.
Templo do Espírito Santo, rogai por nós.
Modelo dos cristãos, rogai por nós.
Símbolo humano da ternura de Deus, rogai por nós.
Mãe das mães, rogai por nós.
Aquela que está mais perto de Deus e mais perto de nós,
rogai por nós.
Colo de Deus em feição humana, rogai por nós.

Impresso na gráfica da
Pia Sociedade Filhas de São Paulo
Via Raposo Tavares, km 19,145
05577-300 - São Paulo, SP - Brasil - 2012